佛地品

소태산 대종경 마음공부

8. 불지품

글·균산 최정풍 교무

머리말

『대종경大宗經』은 원불교 교조인 소태산少太山 박중빈朴重彬 대종사大宗師의 언행록입니다. 원기47(서기1962년)에 완정하여 『정전正典』과 합본, 『원불교교전』으로 편찬 발행되었습니다. 『정전』이 소태산 대종사가 직접 저술한 원불교 제1의 경전이라면 『대종경』은 그의 사상 전반을 이해할 수 있는 제2의 대표 경전입니다. 소태산 대종사의 열반원기28년, 서기1943년 후 『대종경』 편찬에 신속히 착수한 제자들의 노력 덕분에 소태산 대종사의 생생한 말씀과 행적이 온전하게 세상에 전해지게 되었습니다.

소태산의 수제자 정산鼎山종사는 "정전은 교리의 원강을 밝혀 주신 '원元'의 경전이요, 대종경은 두루 통달케 하여 주신 '통通'의 경전이라"고 설한 바 있습니다. 원리적인 가르침을 압축해놓은 『정전』의 이해를 도와주는 필독 경전이라고 할 수 있습니다.

『대종경』은 별다른 해석이나 주석 없이 그냥 쉽게 읽을 수 있는 경전입니다. 하지만 요즘 사람들에게는 낯선 한자 용어에 대한 설명이나 내용 이해를 돕는 부연 설명이 경전 읽기에 도움이 될 수도 있겠다는 생각으로 이 책을 집필하게 되었습니다.

또한 이 책은 『대종경』을 처음 공부하는 이들이 좀 더 쉽게 내용을 파악하도록 돕기 위해서 기획되었습니다. 그런 이유로 첫째, 『대종경』 원문의 문장을 새롭게 편집했습니다. 기본적인 편집 방식에서 벗어나 문단을 왼쪽 정렬로 하고 필자 임의로 문단 나누기, 문장 나누기, 띄어쓰기를 했습니다. 둘째, 어려운 용어들은 사전적 풀이를 요약해서 원문 아래에 각주를 달았습니다. 셋째, 원문에 대한 필자의 부연 설명을 시도했습니다. 이 내용들은 매우 주관적인 해석이라는 한계를 갖고 있습니다. 다른 참고 교재들을 충분히 참고할 것을 권장합니다. 넷째, 경전 내용의 실생활 활용에 방점을 둔 질문들을 해보았습니다. 경전의 내용 파악을 돕기 위한 질문들도 있지만 자신의 삶을 성찰해야만 응답할 수 있는 질문들도 포함되었습니다. 이에 대한 대답은 독자마다 다를 것이고 독자들의 공부 정도에 따라서도 달라질 것입니다. 특정한 정답보다는 최선의 답이 필요한 부분입니다. 이런 질문에 응답하는 과정에서 공부가 깊어지기를 바랐습니다. 경전 공부가 더 많은 자문자답으로 이어지기를 기대합니다.

  이 책은 주로 교화자로서 살아온 필자가 교화자의 관점에서 쓴 교화교재입니다. 여기 담긴 필자의 견해는 교단의 공식적 견해와는 무관합니다. 현명한 독자들께서 이런 점들을 감안하여 공부의 한 방편으로 활용해주시길 바랍니다. 부족하거나 틀린 내용에 대해서는 여러분들의 가르침을 기다리겠습니다. 아무쪼록 이 작은 책이 주세불 소태산 대종사의 심통제자心通弟子가 되는 데 겨자씨만한 도움이라도 되기를 기원합니다. 출판을 도와주신 모든 분들의 은혜에 깊이 감사합니다.

소태산 마음학교 원남교실 경원재에서
원기108년(서기2023) 11월 1일 균산 최정풍 교무 합장

『대종경』 공부를 하기 전에 「원불교 교사教史」 일독을 권합니다. 『대종경』은 언행록言行錄이지만 관련 상황에 대한 자세한 설명은 생략된 경우가 많습니다. 교사를 읽으면 법문의 전후 상황을 파악하는 데 큰 도움을 받을 수 있습니다.

다음은 『대종경大宗經』 공부에 도움이 될 만한 대표적인 해설서 및 참고 도서입니다.
『원불교대종경해의』(한정석, 동아시아, 2001),
『대종경풀이』(류성태, 원불교출판사, 2005),
『주석 대종경선외록』(편저 이공전, 주석: 서문성, 원불교출판사, 2017),
『초고로 읽는 대종경』(고시용, 원불교출판사, 2022),
『원불교교고총간』(원불교출판사, 1994),
『대종경 강좌上·下』(조정중, 배문사, 2017) 등이 있습니다.

법문과 원불교 용어 설명 대부분은
'원불교' 홈페이지 http://won.or.kr/'경전법문집', '원불교대사전' 내용을 인용했습니다.
그 밖에는 '네이버 사전' http://naver.com 에서 인용했습니다.
필자가 쓴 부분은 '필자 주'로 표기했습니다.

'나의 마음공부'란에는 몇 가지 질문을 실었지만 답을 싣지는 않았습니다. '자문자답'이 더 중요하다고 생각했습니다. 답을 찾는 과정이 '교당내왕시 주의사항'을 실천하는 계기가 되기를 기대합니다. 먼저 자력으로 답을 해보고, '교화단'에서 회화도 하고, 교화단장이나 교무 등 지도인과 문답問答·감정鑑定·해오解悟를 하기 좋은 소재가 되기를 기대합니다.

본문의 문체는 최대한 구어체를 사용했습니다. 독자와의 거리감을 줄이려는 노력이지만 전통적인 문법에는 맞지 않을 수 있습니다. 양해를 구합니다.

이 책을 '경전' 훈련을 위한 교재, '자습서' 삼아서 밑줄도 치고 필기도 하면서 편리하게 활용해주시면 감사하겠습니다.

▶ YouTube '소태산 마음학교'에서 관련 대종경 동영상 시청이 가능합니다.

• 이 책은 법산 이광윤, 숙타원 이도진 부부의 후원으로 출판되었습니다.
  감사합니다.

불
지
품

佛地品

목차

불지품 1장 : 가장 덕이 많고 자비가 너른 인물   10
불지품 2장 : 저 태양보다 다습고 밝은 힘   14
불지품 3장 : 부처님의 대자대비   18
불지품 4장 : 무애자재   24
불지품 5장 : 모든 법에 통달하신 큰 도인   28
불지품 6장 : 천도를 잘 사용하여야 부처의 경지   36
불지품 7장 : 술 경계에 술이 없었고   42
불지품 8장 : 희·로·애·락을 노복같이 부려 쓰므로   48
불지품 9장 : 항마위에만 오르더라도   54
불지품 10장: 영통 도통 법통   60
불지품 11장: 큰 살림, 큰 사람   66
불지품 12장: 인간의 육근 동작   70
불지품 13장: 천도를 뜻대로 잡아 쓰는 불보살   76
불지품 14장: 불보살들은 그 그릇이 국한이 없는지라   82
불지품 15장: 천상락 인간락   88
불지품 16장: 심신의 자유   94
불지품 17장: 참으로 국한 없이 큰 본가 살림   100
불지품 18장: 참으로 부유한 사람   108
불지품 19장: 참으로 큰 박람회   112
불지품 20장: 우주의 본가   118

불지품 21장: 국한을 벗어나서 광활한 천지　　　　　　　　126
불지품 22장: 우주 안의 모든 것이 다 나의 이용물　　　　　134
불지품 23장: 안주처 사업장 유희장　　　　　　　　　　　140

대종사 말씀하시기를
[이 세상에 크고 작은 산이 많이 있으나
그중에 가장 크고 깊고 나무가 많은 산에 수많은 짐승이 의지하고 살며,
크고 작은 냇물이 곳곳마다 흐르나
그중에 가장 넓고 깊은 바다에 수많은 고기가 의지하고 사는 것 같이,

여러 사람이 다 각각 세상을 지도한다고 하나
그중에 가장 덕이 많고 자비慈悲가 너른 인물이라야
수많은 중생이 몸과 마음을 의지하여 다 같이 안락한 생활을 하게 되나니라.]

『대종경』「불지품」1장

가장 덕이 많고 자비가 너른 인물　　| 풀이 |

「불지품」에서는 부처의 경지에 이른 불보살의 심법을 배울 수 있습니다.

대종사 말씀하시기를
[이 세상에 크고 작은 산이 많이 있으나
그중에 가장 크고 깊고 나무가 많은 산에 수많은 짐승이 의지하고 살며,
크고 작은 냇물이 곳곳마다 흐르나
그중에 가장 넓고 깊은 바다에 수많은 고기가 의지하고 사는 것 같이,

소태산 대종사님께서는 부처님의 인격을 설명하기 위해서 비유의 말씀을 하십니다.
'수많은 짐승이 의지하고 살' 수 있는
'가장 크고 깊고 나무가 많은 산'을 부처님으로 비유하시고,
'수많은 고기가 의지하고 사는'
'가장 넓고 깊은 바다'에 부처님을 비유하십니다.

산이 크고 깊은 만큼 더 많은 짐승들이 산에 의지해서 살아갈 것입니다.
물이 넓고 깊은 만큼 더 많은 물고기들이 물에 의지해서 살아갈 것입니다.

짐승들이나 물고기가 얼마나 살고 있는지를 보면
그 산과 물의 크기를 알 수 있습니다.
우리 자신의 인격이나 삶도 마찬가지일 것입니다.

여러 사람이 다 각각 세상을 지도한다고 하나
그중에 가장 덕이 많고 자비慈悲가 너른 인물이라야
수많은 중생이 몸과 마음을 의지하여 다 같이 안락한 생활을 하게 되나니라.]

대종사님은 지도인들의 인물 됨됨이와 인격을 말씀하십니다.
덕德과 자비慈悲가 많아야 수많은 중생이 의지할 수 있다고.
'덕', '자비'라는 말의 쓰임새를 생각해보면 말씀의 뜻도 알 수 있습니다.
대종사님은 '덕德이라 하는 것은 쉽게 말하자면 어느 곳 어느 일을 막론하고
오직 은혜가 나타나는 것을 이름' -『대종경』「인도품」2장 한다고 하셨습니다.
지은보은知恩報恩을 잘하는 사람이 덕이 많은 사람일 것이고,
동체대비同體大悲의 자비로운 인물이 세상을 지도할만한 인물입니다.
이런 인물들이 많아야 중생들이 '안락한 생활'을 할 수 있을 것입니다.
'가장 덕이 많고 자비가 너른 인물'이 부처님이시니 우리가 본받을 인물상입니다.

나는 얼마나 많은 사람들을 품을 수 있는지,
얼마나 많은 사람들이 의지처가 되어 그들을 살려줄 수 있는지 돌아봐야겠습니다.

나의 마음공부

- 나는 사람들이 '몸과 마음을 의지'하는 사람인가요?

- 나는 크고 깊은 산과 같은 인격을 갖추고 있나요?

- 나는 넓고 깊은 바다와 같은 인격을 갖추고 있나요?

- 나의 '덕德'과 '자비慈悲'는 얼마나 되나요?

- 많은 덕을 갖추고 너른 자비심을 갖추려면 어떤 노력을 해야 할까요?

대종사 말씀하시기를

[부처님의 대자대비大慈大悲는 저 태양보다 다습고 밝은 힘이 있나니,

그러므로 이 자비가 미치는 곳에는

중생의 어리석은 마음이 녹아서 지혜로운 마음으로 변하며,

잔인한 마음이 녹아서 자비로운 마음으로 변하며,

인색하고 탐내는 마음이 녹아서 혜시하는 마음으로 변하며,

사상四相의 차별심이 녹아서 원만한 마음으로 변하여,

그 위력과 광명이 무엇으로 가히 비유할 수 없나니라.]

『대종경』「불지품」2장

- **인색吝嗇** : 재물을 아끼는 태도가 몹시 지나침. 어떤 일을 하는 데 대하여 지나치게 박함.
- **사상四相** : 깨치지 못한 중생들이 전도顚倒된 생각에서 실재한다고 믿는 네 가지 분별심. 곧 아상我相·인상人相·중생상衆生相·수자상壽者相을 이른다. ① 아상 : 모든 것을 자기 본위·자기중심으로 생각하여 자기가 가장 잘났다고 하거나, 자기의 것만 좋다고 고집하거나, 오온五蘊의 일시적 화합으로 이루어진 자기 자신을 실재한다고 집착하는 소견. ② 인상 : 우주만물 중에서 사람이 가장 중요하며, 일체만물은 사람을 위해서 생긴 것이라, 사람이 마음대로 해도 된다는 인간본위에 국한된 소견. ③ 중생상 : 부처와 중생을 따로 나누어 나 같은 중생이 어떻게 부처가 되고 무엇을 할 수 있으랴 하고 스스로 타락하고 포기하여 향상과 노력이 없는 소견. ④ 수자상 : 자기의 나이나 지위나 학벌이나 문벌이 높다는 것에 집착된 소견. 이러한 사상에 사로잡히면 중생이요, 사상을 벗어나야 불보살이 될 수 있다.

저 태양보다 다습고 밝은 힘 | 풀이 |

대종사 말씀하시기를
[부처님의 대자대비大慈大悲는 저 태양보다 다습고 밝은 힘이 있나니,

태양보다 따뜻하고 밝은 존재는 이 세상에 없습니다.
법문과 같은 표현은 부처님의 대자대비심에 대한 최상의 찬사입니다.
가장 큰 자애심과 가장 큰 슬픔을 지닌 사람이 부처님입니다.
우주만물과 사람의 실상을 깨달은 데서 나오는 자애와 슬픔입니다.
중생이 무명과 고통에서 헤맬 때 가장 안타까워하고 슬퍼하시고
중생이 그 무명과 고통에서 헤어나올 때 가장 기뻐하시는 분이 바로 부처님입니다.
이런 대자대비심이 세상에서 가장 따뜻하고 밝은 힘을 가졌습니다.
'파란고해의 일체 생령을 광대무량한 낙원으로 인도' 하는 원동력입니다.

그러므로 이 자비가 미치는 곳에는
중생의 어리석은 마음이 녹아서 지혜로운 마음으로 변하며,
잔인한 마음이 녹아서 자비로운 마음으로 변하며,
인색하고 탐내는 마음이 녹아서 혜시하는 마음으로 변하며,
사상四相의 차별심이 녹아서 원만한 마음으로 변하여,
그 위력과 광명이 무엇으로 가히 비유할 수 없나니라.]

중생의 어리석은 마음을 재산과 명예나 권력으로 바꿀 수 있을까요?
잔인한 마음, 인색한 마음, 사상의 차별심을 어떻게 바꿀 수 있을까요?
인간 마음의 근본적인 변화를 가능하게 하는 원동력은 과연 무엇일까요?
소태산 대종사님은 그것이 바로 부처님의 '대자대비'라고 알려주십니다.
자비심은 깨달음과 사랑의 결합입니다.

진리에 대한 깨달음과 거기서 비롯된 자애심, 사랑이 자비심입니다.
중생들을 고통에서 건져내고 이 세상을 낙원으로 바꿀 수 있는 힘은
이 대자대비심에서 나옵니다.
세상의 어떤 위력도 중생들의 마음을 바꿀 수 없고,
세상의 어떤 광명도 중생들의 마음을 밝힐 수 없습니다.
부처님의 대자대비와 깨달음의 광명이 있어야 가능합니다.

우리 삶과 세상에 어리석음, 잔인함, 인색과 탐욕, 차별심이 치성하다면
우리 마음에 '자비심'이 얼마나 있는지부터 돌아봐야겠습니다.
부처님을 우러르고 닮아가는 삶으로 늘 자비심을 충전해야겠습니다.

나의 마음공부

- 나는 내 어리석은 마음을 어떻게 지혜로운 마음으로 변화시키고 있나요?

- 잔인한 마음을 어떻게 자비로운 마음으로 변화시키고 있나요?

- 인색하고 탐내는 마음을 어떻게 혜시하는 마음으로 변화시키고 있나요?

- 차별심을 어떻게 원만한 마음으로 변화시키고 있나요?

- 어떻게 해야 부처님의 대자대비를 갖출 수 있을까요?

- 부처님의 대자대비가 미치지 않는 곳은 어떻게 해야 할까요?

대종사 말씀하시기를

[대자大慈라 하는 것은 저 천진난만한 어린 자녀가
몸이 건강하고 충실하여 그 부모를 괴롭게도 아니하고,
또는 성질이 선량하여 언어 동작이 다 얌전하면
그 부모의 마음에 심히 기쁘고 귀여운 생각이 나서 더욱 사랑하여 주는 것 같이

부처님께서도 모든 중생을 보실 때에 그 성질이 선량하여,
나라에 충성하고 부모에게 효도하며,
형제간에 우애하고 스승에게 공경하며,
이웃에 화목하고 빈병인貧病人을 구제하며,
대도를 수행하여 반야지般若智를 얻어 가며,
응용에 무념하여 무루의 공덕을 짓는 사람이 있으면
크게 기뻐하시고 사랑하시사 더욱 더욱 선도로 인도하여 주시는 것이요,

대비大悲라 하는 것은 저 천지 분간 못하는 어린 자녀가
제 눈을 제 손으로 찔러서 아프게 하며,
제가 칼날을 잡아서 제 손을 상하게 하건마는
그 이유는 알지 못하고 울고 야단을 하는 것을 보면
그 부모의 마음에 측은하고 가엾은 생각이 나서
더욱 보호하고 인도하여 주는 것 같이,

부처님께서도 모든 중생이 탐·진·치에 끌려서

제 스스로 제 마음을 태우며,

제 스스로 제 몸을 망하게 하며,

제 스스로 악도에 떨어질 일을 지어,

제가 지은 그대로 죄를 받건마는

천지와 선령을 원망하며, 동포와 법률을 원망하는 것을 보시면

크게 슬퍼하시고 불쌍히 여기사

천만 방편으로 제도하여 주시는 것이니,

이것이 곧 부처님의 대자와 대비니라.

그러나, 중생들은 그러한 부처님의 대자대비 속에 살면서도

그 은혜를 알지 못하건마는

부처님께서는 거기에 조금도 주저하지 아니하시고

천 겁 만 겁을 오로지 제도 사업에 정성을 다하시나니,

그러므로 부처님은 삼계의 대도사요 사생의 자부라 하나니라.]

『대종경』「불지품」 3장

- **도사 道師** : 도도와 진리를 깨달아 실천하는 사람이며, 인격과 언행과 심법이 뛰어나 일반 사람들을 올바른 길로 인도하는 사람을 일컬음. 소태산은 『대종경』 불지품 3장에서 천겁만겁千劫萬劫을 중생의 제도사업에 정성을 다한 석가모니 부처님을 삼계의 대도사大道師요 사생四生의 자부慈父라 부르고 있다.

부처님의 대자대비 大慈大悲 | 풀이 |

'대자대비'라는 말은 아주 흔하게 쓰입니다.
하지만 이 말의 의미를 세세하게 설명한 경우는 흔하지 않습니다.
소태산 대종사님의 이 법문은 그 흔치 않은 경우 중 하나입니다.
특별한 설명이 필요 없을 정도의 법문입니다.

대종사 말씀하시기를
[대자大慈라 하는 것은 저 천진난만한 어린 자녀가
몸이 건강하고 충실하여 그 부모를 괴롭게도 아니하고,
또는 성질이 선량하여 언어 동작이 다 얌전하면
그 부모의 마음에 심히 기쁘고 귀여운 생각이 나서 더욱 사랑하여 주는 것 같이

소태산 대종사님은 부처님을 부모님에 비유하고
중생을 자녀에 비유해서 법문을 설하십니다.

부처님께서도 모든 중생을 보실 때에 그 성질이 선량하여,
나라에 충성하고 부모에게 효도하며,
형제간에 우애하고 스승에게 공경하며,
이웃에 화목하고 빈병인貧病人을 구제하며,
대도를 수행하여 반야지般若智를 얻어 가며,
응용에 무념하여 무루의 공덕을 짓는 사람이 있으면
크게 기뻐하시고 사랑하시사 더욱 더욱 선도로 인도하여 주시는 것이요,

탈 없이 자라나는 자녀를 보면서 기뻐하고 사랑하는 부모님 마음과
바른 마음으로 선도를 행하는 중생을 자애하는 부처님의 마음을 비유하십니다.

더 이상 큰 기쁨이 없으니 '대자大慈'라고 하신 것입니다.

대비大悲라 하는 것은 저 천지 분간 못하는 어린 자녀가
제 눈을 제 손으로 찔러서 아프게 하며,
제가 칼날을 잡아서 제 손을 상하게 하건마는
그 이유는 알지 못하고 울고 야단을 하는 것을 보면
그 부모의 마음에 측은하고 가엾은 생각이 나서
더욱 보호하고 인도하여 주는 것 같이,

스스로 고통받는 어린 자녀를 보는 부모의 마음은 슬플 수밖에 없고,
인과의 이치를 가르쳐줄 수도 없으니 안타까울 수밖에 없습니다.

부처님께서도 모든 중생이 탐·진·치에 끌려서
제 스스로 제 마음을 태우며,
제 스스로 제 몸을 망하게 하며,
제 스스로 악도에 떨어질 일을 지어,
제가 지은 그대로 죄를 받건마는
천지와 신령을 원망하며, 동포와 법률을 원망하는 것을 보시면
크게 슬퍼하시고 불쌍히 여기사
천만 방편으로 제도하여 주시는 것이니,
이것이 곧 부처님의 대자와 대비니라.

'제 스스로'라는 표현이 거듭 등장합니다.
자업자득의 인과의 이치를 나타내는 표현입니다.
자신이 잘못을 저지르고, 자신이 고통을 받으면서,
사실은 자신을 탓해야 하는데, 남을 원망하는 모습을 보니
부처님 마음이 안타깝고 크게 슬픈 것입니다.
그래서 '대비大悲'라고 한 것입니다.

'대자'와 '대비'는 상반된 것 같지만
사실은 한 마음이 두 가지로 나타나는 것에 불과합니다.
'대자'가 '대비'를 낳고, '대비'가 '대자'를 낳는 것입니다.

그러나, 중생들은 그러한 부처님의 대자대비 속에 살면서도
그 은혜를 알지 못하건마는
부처님께서는 거기에 조금도 주저하지 아니하시고
천 겁 만 겁을 오로지 제도 사업에 정성을 다하시나니,
그러므로 부처님은 삼계의 대도시요 시생의 자부라 하나니라.]

어린 자식들이 부모의 마음을 헤아리지 못하듯이
중생들도 부처님의 은혜를 알지 못합니다.
부모님의 사랑이 내리사랑이듯이 부처님의 자비심도 그렇습니다.
알아주건 말건 관계없이 영원히 제도 사업에 정성을 다하십니다.
인과의 이치를 깊이 깨달은 부처님만이 가능한 일입니다.
그래서 과거 현재 미래를 일관되게 제생의세하는 '삼계三界의 대도사大導師'이고,
일체 생령들을 위해서 무아봉공하시니 '사생四生의 자부慈父'인 것입니다.

나의 마음공부

• 자기가 잘못을 저질러서 고통을 받는 사람들을 보면 어떤 마음이 나나요?

• 바른 마음으로 선행을 하는 사람을 보면 어떤 마음이 나나요?

• 내 자비심은 부처님의 대자대비와 비교하면 어느 정도인가요?

• 누가 알아주든 말든 '천겁 만겁을 오로지 제도 사업에 정성을 다 할' 마음의 각오와 자신이 있나요?

대종사 말씀하시기를

[불보살들은 행·주·좌·와·어·묵·동·정간에 무애자재無礙自在하는 도가 있으므로
능히 정할 때에 정하고 동할 때에 동하며,
능히 클 때에 크고 작을 때에 작으며,
능히 밝을 때에 밝고 어둘 때에 어두우며,
능히 살 때에 살고 죽을 때에 죽어서,
오직 모든 사물과 모든 처소에 조금도 법도에 어그러지는 바가 없나니라.]

『대종경』「불지품」4장

- 무애자재無礙自在 : 무엇에도 방해 받지 않고 자유자재함.
- 무애 無礙·無碍 : 무엇에도 방해받지 않고 자유로움. 모든 장애障碍에 거리낌이 없음. 싼스끄리뜨 아프라티하타(apratihata)의 한역어漢譯語로서 무장애無障碍·무과애無踝碍·무소과애無所踝碍라고도 한다.

무애자재無礙自在　|　풀이 |

대종사 말씀하시기를
[불보살들은 행·주·좌·와·어·묵·동·정간에 무애자재無礙自在하는 도가 있으므로

자칫 '무애자재無礙自在'를 오해하면
법도에 어긋난 '무애행'이나 '자유방종', '자행자지自行自止'로 알 수 있습니다.
대종사님은 잘못된 '무애행'에 대해서 큰 경계의 말씀을 하신 바 있습니다.
"근래에 자칭 도인의 무리가 왕왕이 출현하여 계율과 인과를 중히 알지 아니하고 날로 자행자지를 행하면서 스스로 이르기를 무애행無碍行이라 하여 불문佛門을 더럽히는 일이 없지 아니하나니, 이것은 자성의 분별 없는 줄만 알고 분별 있는 줄은 모르는 연고라, 어찌 유무초월의 참 도를 알았다 하리요." - 『정전』「참회문」

대종사님은 참된 '무애자재'가 무엇인지 자세하게 설해주십니다.

능히 정할 때에 정하고 동할 때에 동하며,
능히 클 때에 크고 작을 때에 작으며,
능히 밝을 때에 밝고 어둘 때에 어두우며,
능히 살 때에 살고 죽을 때에 죽어서,

'동動'과 '정靜',
'대大'와 '소小',
'지智'와 '우愚' (또는 '은隱'과 '현現', '음陰'과 '양陽')
'생生'과 '사死'를 말씀하십니다.
즉,
동정 자유자재,

대소 자유자재, 지우 자유자재,
생사 자유자재를 말씀하십니다.
물론, 이 자유자재 역시 자유방종이 아니라
'때'에 맞고 '법도'에 어그러짐이 없는 자유자재인 것입니다.

멈춰야 할 때는 멈추고 싶지 않아도 멈출 수 있어야 합니다.
행동해야 할 때는 행동하고 싶지 않아도 행동할 수 있어야 합니다.

오직 모든 사물과 모든 처소에 조금도 법도에 어그러지는 바가 없나니라.]

이것이 바로 '무시선無時禪 무처선無處禪'의 경지이고, 온전한 중도입니다.
'응용하는 데 온전한 생각으로 취사하기를 주의할 것이요' – 「상시응용 주의사항」1조 의
최고의 경지입니다.
'사사물물을 접응할 때마다 각각 당연한 길이 있' – 「인도품」1장 으니
그 길을 반드시 가는 부처님의 경지입니다.
'동動하여도 분별에 착着이 없고, 정靜하여도 분별이 절도節度에 맞는' – 『정전』「법위등급」
'대각여래위'의 경지라고 할 수 있습니다.
처처불상處處佛像 사사불공事事佛供의 경지입니다.

참다운 무애자재는 지켜 마땅한 법도를 무시하는 것이 결코 아닙니다.
'모든 사물과 모든 처소에 조금도 법도에 어그러지는 바가 없'는 경지입니다.

• **자행자지 自行自止** : 제멋대로 행하고 제 멋대로 그침. 진리를 깨치지 못한 사람이 스스로 깨친 것으로 잘못 알아서 함부로 제멋대로 행동하는 것을 말한다. 『정전』「삼학」'사리연구'에서는 "세상이 넓은 만큼 이치의 종류도 수가 없고, 인간이 많은 만큼 일의 종류도 한이 없나니라. 그러나 우리에게 우연히 돌아오는 고락이나 우리가 지어서 받는 고락은 각자의 육근을 운용하여 일을 짓는 결과이니, 우리가 일의 시비이해를 모르고 자행자지한다면 찰나 찰나로 육근을 동작하는 바가 모두 죄고로 화하여 전정 고해가 한이 없을 것이요"라고 말하고 있다.
그리하여 대소유무와 시비이해를 모르고 자행자지하면 '우'에 해당한다고 한다(『정전』「팔조」). 또한 아직 불보살의 경지에 도달하지 못한 사람이 함부로 무애행을 흉내 내는 것을 말하기도 한다. 『정전』「참회문」에서는 "근래에 자칭 도인의 무리가 왕왕이 출현하여 계율과 인과를 중히 알지 아니하고 날로 자행자지를 행하면서 스스로 이르기를 무애행이라 하여 불문을 더럽히는 일이 없지 아니하나니, 이것은 자성의 분별 없는 줄만 알고 분별 있는 줄을 모르는 연고라, 어찌 유무초월의 참도를 알았다 하리요"라고 말한다. 이처럼 자행자지하고 보면 마침내 고품을 얻게 된다. 『정전』'고락의 법문'에서 낙을 버리고 고로 들어가는 원인 3조에 "보는 대로 듣는 대로 생각나는 대로 자행자지로 육신과 정신을 아무 예산 없이 양성하여 철석같이 굳은 연고요"라고 했다.

나의 마음공부

- 나는 '행·주·좌·와·어·묵·동·정간에' 장애와 걸림이 있음을 잘 알아차리고 있나요?

- 나는 '능히 정할 때에 정하고 동할 때에 동'할 수 있나요?

- 나는 '능히 클 때에 크고 작을 때에 작'을 수 있나요?

- 나는 '능히 밝을 때에 밝고 어둘 때에 어두'울 수 있나요?

- 나는 '능히 살 때에 살고 죽을 때에 죽'을 수 있나요?

- 나는 '오직 모든 사물과 모든 처소에 조금도 법도에 어그러지는 바가 없'나요?

대종사 말씀하시기를
[음식과 의복을 잘 만드는 사람은 그 재료만 있으면
마음대로 그것을 만들어내기도 하고 잘못되었으면 뜯어고치기도 하는 것 같이,
모든 법에 통달하신 큰 도인은
능히 만법을 주물러서 새 법을 만들어내기도 하고 묵은 법을 뜯어고치기도 하시나,
그렇지 못한 도인은 만들어 놓은 법을 쓰기나 하고 전달하기는 할지언정
창작하거나 고치는 재주는 없나니라.]

한 제자 여쭙기를
[어느 위位에나 올라야 그러한 능력이 생기나이까.]
대종사 말씀하시기를
[출가위出家位 이상 되는 도인이라야 하나니,
그런 도인들은 육근六根을 동작하는 바가 다 법으로 화하여
만대의 사표가 되나니라.]

『대종경』「불지품」5장

- **통달 通達** : 막힘없이 환히 통함. 도道에 깊이 통함.
- **사표 師表** : 학식·덕행이 높아 남의 모범이 될 만한 사람.

모든 법에 통달하신 큰 도인 | 풀이 |

대종사 말씀하시기를
[음식과 의복을 잘 만드는 사람은 그 재료만 있으면
마음대로 그것을 만들어내기도 하고 잘못되었으면 뜯어고치기도 하는 것 같이,
모든 법에 통달하신 큰 도인은
능히 만법을 주물러서 새 법을 만들어내기도 하고 묵은 법을 뜯어고치기도 하시나,

소태산 대종사님이 말씀하시는 '도인道人'이란
사람이 마땅히 가야할 길(道)을 깨달아 가는 사람을 의미합니다.
'인도人道'를 행하는 사람, '공부길'과 '인생길'을 가는 사람입니다.

여기서의 '큰 도인'이란 '모든 법에 통달한' 도인을 지칭하는데,
'법'이란 '진리' 그 자체를 의미하기도 하고
진리를 인간사에 활용하기 위해 규범화한 것을 의미하기도 합니다.
이 법문의 맥락상 구체적인 실정법규들을 의미하지는 않습니다.
『정전』「법률은」의 '법률'에 대한 정의를 참고하는 게 바람직합니다.
"대범, 법률이라 하는 것은 인도 정의의 공정한 법칙을 이름이니, 인도 정의의 공정한 법칙은 개인에 비치면 개인이 도움을 얻을 것이요, 가정에 비치면 가정이 도움을 얻을 것이요, 사회에 비치면 사회가 도움을 얻을 것이요, 국가에 비치면 국가가 도움을 얻을 것이요, 세계에 비치면 세계가 도움을 얻을 것이니라." - 『정전』「법률은」

대종사님은 '모든 법에 통달하신 큰 도인'의 능력을 표현하시기를
'능히 만법을 주물러서 새 법을 만들어내기도 하고 묵은 법을 뜯어고치기도' 한다고
하시며 이를 음식 만들기나 옷 수선하는 것에 비유하십니다.

음식 만들기에 능통한 사람은 재료를 가리지 않고 그 상황에 맞게 조리합니다.
옷 만들기에 능통한 사람은 모든 사람에 맞게 모든 옷을 손볼 수 있습니다.
재료를 탓하고 여건을 탓하지 않습니다.

대종사님께서 바라는 도인상이라고 할 수 있습니다.
진리는 '불생불멸'하여 '하나'로되 시대를 따라 인심을 따라
중생을 구제하도록 적절하게 '법'으로 만들어지고 수시로 다듬고 고쳐야 합니다.
다음과 같은 법문도 같은 맥락의 법문입니다.

"종교와 정치도 또한 이와 같아서 세상을 잘 운전하기로 하면 시대를 따라서 부패하거나 폐단이 생기지 않게 할 것이요, 그 지도자가 인심의 정도를 맞추어서 적당하게 법을 쓰고 정사를 하여야 할 것이니라." - 『대종경』「교의품」38장

"공자는 큰 성인이시라 스스로 위험과 욕됨을 무릅쓰고 그를 선으로 깨우치려 하사 후래 천만년에 제도의 본의를 보이셨으나 사람을 제도하는 방편은 시대를 따라 다른 것이니," - 『대종경』「인도품」57장

"충·열·효·제忠烈孝悌가 그 형식은 시대를 따라 서로 다르나, 그 정신만은 어느 시대에나 변함 없이 활용되어야 하리라." - 『대종경』「실시품」41장

대종사님은 『정전』「법률은」에서 "때를 따라 성자들이 출현하여 종교와 도덕으로써 우리에게 정로正路를 밟게 하여 주심이요,"라고 말씀하셨습니다.
'성자' 즉, '큰 도인'들이 세상에 출현해서 해야 할 일 중에 가장 중요한 것이 바로 '종교와 도덕으로써 우리에게 정로正路를 밟게 하'는 일임을 알 수 있습니다.
그들이 시대와 인심에 따라 새로운 법(종교와 도덕)을 만들거나 고치는 일을 하는 이유를 알 수 있습니다.

그렇지 못한 도인은 만들어 놓은 법을 쓰기나 하고 전달하기는 할지언정

창작하거나 고치는 재주는 없나니라.]

'종교와 도덕으로써 우리에게 정로正路를 밟게 하'는 일,
시대와 인심에 따라 새로운 법(종교와 도덕)을 만들거나 고치는 일은
아무나 할 수 있는 것이 아닙니다.
'모든 법에 통달'하지 못한 '작은(?) 도인'들에겐 능력 밖의 일입니다.

한 제자 여쭙기를
[어느 위位에나 올라야 그러한 능력이 생기나이까.]

대종사님은 공부인, 도인의 수준을 대충 평가하지 않았습니다.
「법위등급法位等級」을 통해
"공부인의 수행 정도를 따라 여섯 가지 등급의 법위가 있나니 곧 보통급·특신급·법마상전급·법강항마위法强降魔位·출가위出家位·대각여래위大覺如來位니라."라고 하시고 매우 사실적이고 구체적인 기준을 제시하셨습니다.
이들 6단계의 법위등급 중에서 어느 정도가 되어야
'능히 만법을 주물러서 새 법을 만들어내기도 하고 묵은 법을 뜯어고치기도 하'는
능력을 갖느냐는 물음입니다.

대종사 말씀하시기를
[출가위出家位 이상 되는 도인이라야 하나니,

대종사님의 대답은 '출가위 이상'입니다.
즉, 출가위 또는 대각여래위가 되어야 가능하다는 말씀입니다.
『정전』「법위등급」에 '출가위出家位'에 대해서,
"출가위는 법강항마위 승급 조항을 일일이 실행하고 예비 출가위에 승급하여,
대소유무의 이치를 따라 인간의 시비이해를 건설하며,
현재 모든 종교의 교리를 정통하며,

원근친소와 자타의 국한을 벗어나서 일체 생령을 위하여
천신만고와 함지사지를 당하여도 여한이 없는 사람의 위요."라고 설명합니다.

'대소유무의 이치를 따라 인간의 시비이해를 건설'한다는 표현이 바로
'능히 만법을 주물러서 새 법을 만들어내기도 하고 묵은 법을 뜯어고치기도 하'는
능력을 나타내는 대목입니다.
물론 '현재 모든 종교의 교리를 정통'한다는 대목도 그 안에 포함됩니다.
요컨대, 출가위 이상이 되어야 '모든 법에 통달하신 큰 도인'이라고 할 수 있습니다.

그런 도인들은 육근六根을 동작하는 바가 다 법으로 화하여
만대의 사표가 되나니라.]

출가위, 대각여래위에 오른 도인들은
'육근을 동작하는 바가 다 법으로 화하여 만대의 사표가 되나니라' 라고 하십니다.
범부 중생들은 '환경의 지배'를 받고 '경계에 끌려' 가곤 합니다.
'원·근·친·소遠近親疎와 희·로·애·락喜怒哀樂에 끌리'거나
'물질의 지배'에서 벗어나지 못하곤 합니다.
주로 삼독오욕三毒五慾에 끌린 심신작용, 육근작용을 하기 쉽습니다.
이래서는 육근 동작이 '법으로 화하기' 어렵습니다.

사실 '법강항마위'만 되어도
'육근을 응용하여 법마상전을 하되 법이 백전 백승'할 정도의 도인입니다만
대종사님은 그 정도로는 '육근六根을 동작하는 바가 다 법으로 화하여 만대의 사표가' 되지는 못한다고 보셨습니다.
'대소유무의 이치를 따라 인간의 시비이해를 건설'하는 정도가 되어야
그 심신작용이 '만대의 사표'가 될만 한 것입니다.

대종사님께서 '제불제성諸佛諸聖의 심인心印'이라고 설하신 뜻과

'만대의 사표'가 된다는 뜻이 서로 일맥상통한다고 할 수 있습니다.
우리들이 여러 부처님과 성인의 경전을 읽고 배우는 까닭은
결국 그 분들의 육근동작, 심신작용을 통해서 그분들의 심법을 배우려 함입니다.
그 분들의 말씀과 행동이 각각 달라 보여도,
그 시대와 인심의 정도에 따라 가르침을 펴고 육근 동작을 했을 뿐입니다.
그 핵심에는 근본적인 진리에 대한 깨달음이 공통적으로 자리잡고 있는 것입니다.

참고로,
"대각여래위는 출가위 승급 조항을 일일이 실행하고 예비 대각여래위에 승급하여,
대자 대비로 일체 생령을 제도하되 만능萬能이 겸비하며,
천만 방편으로 수기 응변隨機應變하여 교화하되 대의에 어긋남이 없고
교화 받는 사람으로서 그 방편을 알지 못하게 하며,
동하여도 분별에 착이 없고 정하여도 분별이 절도에 맞는 사람의 위니라."라는
「법위등급」'대각여래위' 조항 중에서 보자면,
'대자 대비로 일체 생령을 제도하되 만능萬能이 겸비하'기 때문에
'능히 만법을 주물러서 새 법을 만들어내기도 하고 묵은 법을 뜯어고치기도 하'는
'창작하거나 고치는' 능력을 가진 것입니다.
또한 여래위 도인은 '동하여도 분별에 착이 없고 정하여도 분별이 절도에 맞는 사람'이어서 일동 일정이 모두 법도에 맞는 심신작용, 육근동작이 되니,
'육근六根을 동작하는 바가 다 법으로 화하여 만대의 사표가' 되는 것입니다.

공부인이라면 이 경지에 오르기까지 정성을 다해야 합니다.
공부와 수행을 해야 할 때와 장소가 따로 있는 것이 아니라
일상생활 속에서 '육근 동작'을 할 때와 장소가 그 시간과 공간입니다.
소태산 대종사님의 교법은 이렇게 새롭게 창조되고 고쳐진 것입니다.

"부처님의 무상 대도에는 변함이 없으나 부분적인 교리와 제도는 이를 혁신하여,
소수인의 불교를 대중의 불교로, 편벽된 수행을 원만한 수행으로 돌리자는 것이니라."

라는 『대종경』「서품」16장의 말씀은 「불지품」5장 법문과 일맥상통합니다.

주세불 소태산 대종사님의 가르침을 믿고 따르는 우리에게는
'만법을 주물러서' 만드신 '새 법'이 바로 주세불 대종사님의 교법이고,
미래 시대 만대의 사표가 바로 주세불 소태산 대종사님입니다.

나의 마음공부

- 나는 '모든 법'에 어느 정도나 '통달'했나요?

- 나는 '모든 법에 통달'하기 위해 어떤 노력을 하고 있나요?

- 나는 진리를 깨달아 실생활에 잘 활용하고 있나요?

- 나는 '능히 만법을 주물러서 새 법을 만들어내기도 하고 묵은 법을 뜯어 고치'는 능력이 얼마나 있나요?

- 원불교의 교법은 과거 불법에 비해서 어떤 점이 새롭고, 어떤 점이 개선되었다고 생각하나요?

대종사 송 벽조에게

[중용中庸의 솔성지도率性之道를 해석하여 보라.]하시니,

그가 사뢰기를

[유가에서는 천리天理 자연의 도에 잘 순응하는 것을 솔성하는 도라 하나이다.]

대종사 말씀하시기를

[천도에 잘 순응만 하는 것은 보살의 경지요, 천도를 잘 사용하여야 부처의 경지이니,

비하건대 능한 기수騎手는 좋은 말이나 사나운 말이나 다 잘 부려 쓰는 것과 같나니라.

그러므로, 범부 중생은 육도의 윤회와 십이 인연에 끌려다니지마는

부처님은 천업天業을 돌파하고 거래와 승강을 자유자재하시나니라.]

『대종경』「불지품」 6장

- 중용 中庸 : 유교의 기본 경전인 사서四書의 하나. 『중용』은 본래 『예기禮記』 49편 가운데 제31편으로 편집되어 있었으나 『대학』과 함께 단행본으로 독립되었고 한대부터 중시되었다. 보통 공자孔子의 손자인 자사子思가 지은 것으로 알려져 있다. 이 사실이 기록된 최초의 문서는 사마천司馬遷의 『사기史記』이다. 불편불의不偏不倚 무과불급無過不及 중용의 도를 드러내고 이를 실현하는 힘으로 성誠을 들고 있다.
- 솔성지도 率性之道 : (1) 천도天道에 순응하고, 나아가 천도를 자유자재로 활용하는 것. 『중용』에서는 "천명지위성 솔성지위도 수도지위교(天命之謂性 率性之謂道修道之謂敎)"라고 하여 솔성에 대해 말하고 있다. 솔성은 곧 천지의 명한 바에 순응하고 따르는 것을 의미한다. (2) 원불교에서 솔성은 모든 사람에게 본래 갖추어진 일원상의 진리 곧 불성(본성)을 회복하여 그것을 일상생활 속에서 잘 활용해 가는 것이다. 일원상의 진리와 같이 원만구족하고 지공무사한 본래성품을 잘 사용하는 것.
- 육도윤회 六道輪廻 : 일체중생이 자신의 지은 바 선악의 업인에 따라 천도·인도·수라·축생·아귀·지옥의 육도세계를 끊임없이 윤회전생輪廻轉生하게 된다는 뜻.
- 십이인연 十二因緣 : 불교의 중요한 기본 교리의 하나로 십이연기·십이지연기十二支緣起라고도 하며, 12지 곧 12항목으로 된 연기의 원리. 중생세계의 삼세에 대한 미迷의 인과를 열두 가지로 나누어 설명하는 말. 과거에 지은 업에 따라서 현재의 과보를 받고, 현재의 업을 따라서 미래의 고苦를 받게 되는 열두 가지 인연을 말한다. 십이인연법 또는 십이연기법十二緣起法이라고도 한다. 중생과 세계가 생겨나는 이치를 말한 것으로 모든 것은 인연으로부터 일어났다가 인연이 다하면 멸한다는 뜻. 12연기는 다음과 같다. ① 무명無明:미迷의 근본이 되는 무지無知.② 행行:무지로부터 다음의 의식작용을 일으키게 되는 동작. ③ 식識:의식작용. ④ 명색名色:이름만 있고 형상이 없는 마음과, 형상이 있는 물질. 곧 사람의 몸과 마음. ⑤ 육입六入:안·이·비·설·신·의의 육근六根. ⑥ 촉觸:육근이 사물에 접촉하는 것. ⑦ 수受:경계로부터 받아들이는 고통, 또는 즐거움의 감각. ⑧ 애愛:고통을 버리고 즐거움을 구하려는 마음. ⑨ 취取:자기가 욕구하는 것을 취하는 것. ⑩ 유有:업業의 다른 이름. 다음 세상의 과보를 불러올 업. ⑪ 생生:몸을 받아 세상에 태어나는 것. ⑫ 노사老死:늙어서 죽게 되는 괴로움. 정산종사는 "십이연기는 부처님이나 중생이나 다 같이 수생受生하는 과정이지마는 부처님은 그 이치와 노정路程을 알기 때문에 매하지 아니함이 다르며, 그중에서도 현재 삼인三因인 애와 취와 유에 특별한 공부가 있다.부처님은 천만 사물을 지어갈 때에 욕심나는 마음으로 갈애渴愛하거나 주착하지 아니하며, 또한 갈애하고 주착하는 마음으로 취하지 아니하며, 또한 모든 업을 짓기는 하되 그 업에 주착하는 마음은 있지 아니하나니, 그러므로 일체 모든 업이 청정하여 윤회에 미혹되지 아니하고 윤회를 능히 초월하는 것이다"-『정산종사법어』경의편45 라고 하여 십이인연을 실제적으로 해석하고 있다.

천도를 잘 사용하여야 부처의 경지 | 풀이 |

대종사 송 벽조에게
[중용中庸의 솔성지도率性之道를 해석하여 보라.]하시니,

이 법문 당시의 한국 사회에서 유교의 기본경전인 사서삼경四書三經에 관한 담론은
매우 흔했을 것이라고 추측합니다.
더구나 수행, 수신修身을 주업으로 삼는 종교가에서는 더욱 그랬을 것입니다.
더구나 '모든 종교의 교지敎旨도 이를 통합 활용' – 『정전』, 「교법의 총설」할 것을 표방한
원불교로서는 아주 자연스러운 모습의 하나라고 할 수 있습니다.
이미 『대종경』 곳곳에 유교의 기본 교리가 언급된 것만 봐도 알 수 있습니다.
여기서도 유교 수행의 핵심 교리인 '솔성率性'이 자연스럽게 문답의 주제로 등장합니다.

그가 사뢰기를
[유가에서는 천리天理 자연의 도에 잘 순응하는 것을 솔성하는 도라 하나이다.]

조선 500년간의 지배 이념이 유교의 성리학이었음을 참고할 때
대종사님의 이 질문에 응답하는 것은 어려운 일이 아니었을 것입니다.
제자는 '천명지위성天命之謂性 솔성지위도率性之謂道 수도지위교修道之謂敎'라는
『중용』의 원문 그대로 응답했을 것으로 추측됩니다.
원문에서는 '천명'을 '성'이라 이르고, '성'을 따르는(거느리는) 것을 '도'라고 했으니,
법문에서 '천리天理 자연의 도에 잘 순응하는 것을 솔성하는 도'라고 옮겼을 것입니다.

대종사 말씀하시기를
[천도에 잘 순응만 하는 것은 보살의 경지요,
천도를 잘 사용하여야 부처의 경지이니,

대종사님은 '솔성率性'의 '솔率'자를 두 가지로 풀이하셨습니다.
보살의 단계에서는 '따른다'로 해석하고,
부처의 경지에서는 '거느린다', '잘 사용한다'라고 해석하셨습니다.
같은 '솔성'이지만 법위단계별로 해석을 달리한 것입니다.
추측하건대 법위등급 중 '법강항마위'는 '잘 순응만' 하는 단계이고,
'출가위', '대각여래위'는 '잘 사용' 하는 단계로 보신 듯합니다.

비하건대 능한 기수騎手는 좋은 말이나 사나운 말이나
다 잘 부려 쓰는 것과 같나니라.

'천리 자연의 도', '천도', '솔성'의 '성性'을 '말(馬)'에 비유해서 설명해주십니다.
불교적 표현으로는 '성'을 '성품'으로 봐도 되겠습니다.
이미 삼학三學을 견성見性·양성養性·솔성率性으로도 풀이했기 때문입니다.

법력 높은 불보살들은 능숙한 기수가 말을 다루듯이 성품을 사용한다는 말씀입니다.
어떤 말을 어떤 상황에서 다루더라도 능숙하게 다뤄서
기수도 안전하고 말도 안전하게 기마騎馬의 목적을 이뤄낼 수 있다는 가르침입니다.
기수가 말의 성질을 속속들이 알아 말을 다루는 기술이 숙련되어야 하듯이
공부인들도 성품을 깊이 깨달아 잘 사용할 줄 알아야 합니다.

좀 더 자세히 비유하자면,
겨우 말의 고삐를 붙잡고 말을 끌고 가는 기수도 있고,
간신히 말을 타서 떨어지지 않는 정도로 타는 기수도 있고,
능숙하게 말을 달리거나 말 위에서 활도 쏘고 짐도 나르는 기수가 있을 것입니다.
자신의 마음도 알지 못해서 쩔쩔매는 공부인도 있고,
겨우 마음을 봐서 큰 잘못을 하지 않는 정도의 공부인도 있고,
성품을 깨달아서 마음을 마음대로 사용해서 복을 짓는 공부인도 있을 것입니다.

그러므로, 범부 중생은 육도의 윤회와 십이 인연에 끌려다니지마는
부처님은 천업ㅈ業을 돌파하고 거래와 승강을 자유자재하시나니라.]

부처님은 인간이 육도六道로 윤회輪迴를 거듭한다고 보았습니다.
구체적으로는 십이인연十二因緣에 끌려서 윤회한다고 분석했습니다.
이를 벗어나기 힘든 굴레로 보아서 '천업ㅈ業'이라고 했습니다.
이 천업을 벗어나기 위해서는 마음이 자유로워야 한다고 보셨습니다.
마음의 본성을 깨달아(견성),
마음의 힘을 길러야(양성)
마음을 마음대로 쓸 수 있는 것입니다.(솔성)

부처의 경지에 올라야 '천업을 돌파'할 수 있고
부처의 법력을 갖춰야 '육도'의 '거래와 승강'을 '자유자재'할 수 있는 것입니다.

참고할만한 법문을 소개합니다.
"또 여쭙기를
[일원상의 수행은 어떻게 하나이까.]
대종사 말씀하시기를
[일원상을 수행의 표본으로 하고 그 진리를 체받아서 자기의 인격을 양성하나니
일원상의 진리를 깨달아 천지 만물의 시종 본말과 인간의 생·로·병·사와
인과보응의 이치를 걸림 없이 알자는 것이며,
또는 일원과 같이 마음 가운데에 아무 사심私心이 없고
애욕과 탐착에 기울고 굽히는 바가 없이 항상 두렷한 성품 자리를 양성하자는 것이며,
또는 일원과 같이 모든 경계를 대하여 마음을 쓸 때
희·로·애·락과 원·근·친·소에 끌리지 아니하고
모든 일을 오직 바르고 공변되게 처리하자는 것이니,
일원의 원리를 깨닫는 것은 견성見性이요,
일원의 체성을 지키는 것은 양성養性이요,

일원과 같이 원만한 실행을 하는 것은 솔성率性인 바,
우리 공부의 요도인 정신 수양·사리 연구·작업 취사도 이것이요,
옛날 부처님의 말씀하신 계·정·혜戒定慧 삼학도 이것으로서,
수양은 정이며 양성이요, 연구는 혜며 견성이요, 취사는 계며 솔성이라,
이 공부를 지성으로 하면 학식 있고 없는 데에도 관계가 없으며
총명 있고 없는 데에도 관계가 없으며
남녀 노소를 막론하고 다 성불함을 얻으리라.]" - 『대종경』「교의품」5장

『정전』「법위등급」대각여래위 조항에
'대자 대비로 일체 생령을 제도하되 만능萬能이 겸비하며,' 라는 말씀이 있습니다.
'만능을 겸비하여 대자대비로 일체생령을 제도하라',
'만능을 겸비해야 대자대비로 일체생령을 제도할 수 있다' 라는 뜻일 것입니다.

말을 타려면 능숙한 기수가 되어야 하고,
마음공부를 하려면 불보살의 경지까지 올라야 하겠습니다.
그래야 비로소 그 목적을 달성할 수 있으니까요.

나의 마음공부

- 나는 '천리자연의 도', '천도'를 잘 알고 있나요?

- 나는 그 '천도'에 잘 순응하면서 살고 있나요?

- 나는 그 '천도'를 얼마나 잘 사용하고 있나요?

- 나는 '천업을 돌파'해서 '육도 윤회'의 '거래와 승강'을 얼마나 자유롭게 할 수 있는 능력을 갖추고 있나요?

- 그런 능력을 갖추기 위해서는 어떤 공부를 어떻게 해야 할까요?

한 제자 여쭙기를
[진묵震默 대사도 주색에 끌린 바가 있는 듯하오니 그러하오니까.]
대종사 말씀하시기를
[내 들으니 진묵 대사가 술을 좋아하시되 하루는 술을 마신다는 것이
간수를 한 그릇 마시고도 아무 일이 없었다 하며,
또 한 번은 감나무 아래에 계시는데 한 여자가 사심을 품고 와서 놀기를 청하는지라 그 원을
들어주려 하시다가 홍시가 떨어지매 무심히 그것을 주우러 가시므로
여자가 무색하여 스스로 물러 갔다는 말이 있나니,
어찌 그 마음에 술이 있었으며 여색이 있었겠는가.
그런 어른은 술 경계에 술이 없었고 색 경계에 색이 없으신 여래如來시니라.]

『대종경』「불지품」7장

- **진묵대사 震默大師** : 1563-1633. 본명은 일옥一玉. 진묵은 그의 법호法號. 조선시대의 이름난 승려. 술 잘 마시고 무애행 잘하기로 유명하다. 청허휴정淸虛休靜의 법사法嗣이다. 세상 사람들이 말하기를 석가모니불의 소화신小化身이라 했다. 신통묘술과 기행 이적을 많이 행하여 그에게는 많은 일화가 전해오고 있다. 불경을 공부하는데 스승의 가르침을 받지 않고서도 한번만 보면 그 깊은 뜻을 깨닫고 다 외웠다고 한다. '천금지석산위침 월촉운병해작준 대취거연잉기무 각혐장수괘곤륜(天衾地席山爲枕 月燭雲屛海作樽 大醉居然仍起舞 却嫌長袖掛崑崙:하늘을 이불 삼고 땅을 자리 삼으며 산을 베개 삼아, 달빛은 촛불 되고 구름은 병풍이며 바닷물은 술통이라, 크게 취해 일어나 한바탕 신바람 나게 춤을 추고 나니, 긴소매 옷자락이 곤륜산 자락에 걸릴까 그게 걱정이네)'이라는 글귀는 오늘날까지도 진묵의 호호탕탕한 기풍을 잘 나타내 주는 글귀로 전해오고 있다.
- **여래 如來** : 석가모니의 십호十號 가운데 하나. 원불교 대각여래위의 준말. 여래는 싼스끄리뜨 '타타가타(tathāgata)'를 의역意譯한 것으로서 음역音譯하여 다타아가타(多陀阿伽陀)·다타아가도多陀阿伽度·달타벽다怛他蘗多라고도 한다. '① thatā+gata라 하면 지금까지 부처님과 같이 저들과 같은 길을 걸어서 열반의 피안彼岸에 간 사람이란 뜻, 곧 선서善逝 도피안到彼岸 등과 같은 뜻, ② thata+ā라 하면 진리에 도달한 사람이란 뜻, ③ thatā+āgata라 하면 지금까지의 제불과 같이 저들과 같은 길을 걸어서 동일한 이상경理想境에 도달한 사람이란 뜻' —운허용하『불교사전』.
원불교에서는 '여래'를 대각여래위의 약칭으로 주로 쓰고 있다. 소태산대종사는 대각여래위의 부처님을 "동하여도 분별에 착이 없고 정하여도 분별이 절도에 맞는 사람의 위니라"(『정전』「법위등급」)라고 했고, 대산종사는 "여래는 오는 것 같을 뿐 흔적이 없다는 뜻이다. 오되 오지 않고 가되 가지 않는 것이다. 그러므로 육근六根이 육진六塵 가운데 출입하되 물들고 섞이지 않는 것이다. 오고 감에 얽매이지 않고 오고 감에 흔적이 없어서 오게 되면 가는 것이 여래이다. 그러므로 부처님께서는 '응무소주이생기심應無所住而生其心하라'고 했고, 유가儒家에서는 '화이불류化而不流'라 하여 만유에 화하되 흐르지 않는다 했고, 선가仙家에서는 '화광동진和光同塵'이라 하여 화한 빛이 티끌에 함께 한다 했으니, 구슬이 진흙에 묻혀도 썩지 않고 그 빛을 잃지 않는 것과 같다"(『대산종법사법문집3』)라고 했다.

진묵震默 대사　|풀이|

한 제자 여쭙기를
[진묵震默 대사도 주색에 끌린 바가 있는 듯하오니 그러하오니까.]
대종사 말씀하시기를
[내 들으니 진묵 대사가 술을 좋아하시되 하루는 술을 마신다는 것이
간수를 한 그릇 마시고도 아무 일이 없었다 하며,

천일염을 보관하면 스며 나오는 매우 짜고 쓴 물을 '간수'라고 합니다.
두부를 만들 때 사용하기도 하죠.
맨정신으로는 도저히 마실 수 없는 액체입니다.
이런 간수를 마시고도 아무런 탈이 없었다고 합니다.
술을 마시는 것도 계율을 어기는 무애행無碍行인데 무심히 간수까지 마셨으니
상식적으로는 납득하기 힘든 행동입니다.
기행 이적으로 유명한 진묵 대사의 일화 중 하나입니다.

또 한 번은 감나무 아래에 계시는데 한 여자가 사심을 품고 와서 놀기를 청하는지라 그 원을 들어주려
하시다가 홍시가 떨어지매 무심히 그것을 주우러 가시므로
여자가 무색하여 스스로 물러 갔다는 말이 있나니,

파계破戒와 무애행의 수위가 음주에서 간음으로까지 번지고 있군요.
진묵 대사는 색심色心을 품은 여자의 원에 따라 색사色事를 하려고 합니다.
그런데 하필 그때 떨어지는 홍시紅柿에 마음을 빼앗겨버리니
그 여자가 자신의 매력이 홍시만도 못함을 느꼈는지 무색無色해져서 가버렸다는
흥미로운 이야기입니다.

아마 이 일화들은 구전이나 야사로 전해진 것 같습니다.
진묵대사의 생존 시기를 보면 수백 년 전 일이기 때문입니다.

어찌 그 마음에 술이 있었으며 여색이 있었겠는가.
그런 어른은 술 경계에 술이 없었고 색 경계에 색이 없으신 여래如來시니라.]

대종사님의 진묵대사에 대한 평가의 말씀이 이어집니다.
'여래'라는 최상의 법위로 평가를 하십니다.
이런저런 일화들만으로 대사를 평가하지는 않았을 것입니다.
대종사님의 속내를 다 알 수는 없습니다.
다만 '여래'로 호칭하는 이유를 알 수 있는 대목에 주목할 필요가 있습니다.
그것은 바로 '어찌 그 마음에 술이 있었으며 여색이 있었겠는가'라는 대목입니다.
겉으로 나타난 행위로 보아서는 욕심과 탐심이 있는 것 같지만
뒤이어진 자취와 행위를 보면 그런 '마음'이 없었다고 평하십니다.

이어서 '술 경계에 술이 없었고 색 경계에 색이 없'다고 평하십니다.
'술'과 '간수'의 분별도 없으니 술이란 경계도 없었고
술을 마시고 싶다는 욕심도 마음에 없었다고 볼 수 있습니다.
'한 여자'와 '홍시'의 분별도 없으니 색 경계도 없었고
여자와 색사를 하고 싶다는 탐심도 없었던 것이라고 볼 수 있습니다.
여자를 탐하는 마음이 있었다면 홍시 하나에 마음을 옮겨가지 않았을 것입니다.
일종의 '무심無心', '무착심無着心'의 경지를 보여주고 있습니다.

'여래'는 부처님에 대한 여러 존칭 가운데 하나입니다.
진묵대사를 왜 여래로 칭했는가 생각할 때 참고할만한 법문이 있습니다.
"여래는 오는 것 같을 뿐 흔적이 없다는 뜻이다.
오되 오지 않고 가되 가지 않는 것이다.
그러므로 육근六根이 육진六塵 가운데 출입하되 물들고 섞이지 않는 것이다.

오고 감에 얽매이지 않고 오고 감에 흔적이 없어서 오게 되면 가는 것이 여래이다."
- 『대산종법사법문집3』

분별이 없으니 경계도 없고 경계가 없으니 마음의 거래도 없는 것입니다.
비록 몸으로는 행함이 있되 마음에는 가고 옴이 없는 경지인 것입니다.
소위 '여거여래如去如來', 가는 것 같고 오는 것 같은, 오고 감이 없는 경지입니다.
이런 관점에서 보자면 법문의 일화는 '여래' 라는 호칭과 걸맞다고 할만합니다.

필자의 소견을 덧붙이자면,
비록 대종사님께서 진묵대사에게 여래의 호칭을 붙이긴 했으나
이 일화의 내용만으로 여래의 평가를 한 것은 아닐 것입니다.
진묵대사의 여러 가지 법문이나 행적을 종합적으로 판단한 결과일 것입니다.
그리고 이런 평가를 했다고 하더라도
공부인들이 이 법문의 내용 그대로를 따라 할 필요는 없습니다.
그래서도 안 됩니다.
소위 무애행에도 그에 상응한 과보가 따르기 때문입니다.
공부인의 과오를 우려한 대종사님은 다음과 같은 경계의 법문을 해주셨습니다.

"근래에 자칭 도인의 무리가 왕왕이 출현하여 계율과 인과를 중히 알지 아니하고 날로 자행 자지를 행하면서 스스로 이르기를 무애행無碍行이라 하여 불문佛門을 더럽히는 일이 없지 아니하나니, 이것은 자성의 분별 없는 줄만 알고 분별 있는 줄은 모르는 연고라, 어찌 유무 초월의 참 도를 알았다 하리요. 또는, 견성만으로써 공부를 다 한 줄로 알고, 견성 후에는 참회도 소용이 없고 수행도 소용히 없다고 생각하는 사람이 많으나, 비록 견성은 하였다 할지라도 천만 번뇌와 모든 착심이 동시에 소멸되는 것이 아니요 또는 삼대력三大力을 얻어 성불을 하였다 할지라도 정업定業은 능히 면하지 못하는 것이니, 마땅히 이 점에 주의하여 사견邪見에 빠지지 말며 불조의 말씀을 오해하여 죄업을 경하게 알지 말지니라." - 『정전』 「참회문」

진묵대사의 행적은 '천만 방편으로 수기응변隨機應變하여 교화'하는 과정의 것이라고 이해할 필요가 있습니다.
후래 공부인들이 쉽사리 그런 무애행을 따라 해서는 곤란합니다.
소태산 대종사님의 교법에는 그런 기행과 무애행에 대한 여지가 없습니다.
우리는 일화를 통해서 취해야 할 가르침만 취해야 할 것입니다.

나의 마음공부

- 이 법문에서 내가 배워야 할 내용은 무엇인가요?

- '술 경계에 술이 없었다'는 말씀의 본의는 무엇일까요?

- 나는 진묵대사의 무애행을 따라 해도 괜찮을까요?

- '여래'를 향해서 공부한다면 나는 어떤 공부 표준을 가져야 할까요?

대종사 말씀하시기를
[중생은 희·로·애·락에 끌려서 마음을 쓰므로
이로 인하여 자신이나 남이나 해를 많이 보고,
보살은 희·로·애·락에 초월하여 마음을 쓰므로
이로 인하여 자신이나 남이나 해를 보지 아니하며,
부처는 희·로·애·락을 노복같이 부려 쓰므로
이로 인하여 자신이나 남이나 이익을 많이 보나니라.]

『대종경』「불지품」8장

• **희로애락 喜怒哀樂** : 기쁘고, 화나고, 슬프고, 즐거운 일. 세상을 살아가면서 겪게 되는 갖가지 일을 통하여 느끼는 모든 감정을 흔히 네 가지로 말한다.

희·로·애·락을 노복같이 부려 쓰므로 　|풀이|

자신을 둘러싼 '환경'의 지배를 받는가?
자신의 '마음'(사심이나 절도에 맞지 않는 감정 등)에 끌리는가?
소태산 대종사님은 이 두 가지 관점으로 마음공부를 설명하는 경우가 많습니다.
이 두 가지는 외부의 경계와 내면의 경계인 셈입니다.
대종사님은 본 법문에서 공부인 자신의 '감정'을 경계로 설정하고
이를 어떻게 다루고 사용할 것인가에 대해서 세 가지 단계로 설명해주십니다.

첫째는 감정에 끌려서 마음을 쓰는 중생의 단계,
둘째는 감정을 초월해서 마음을 쓰는 보살의 단계,
셋째는 감정을 노복같이 부려 쓰는 부처의 단계입니다.

대종사 말씀하시기를
[중생은 희·로·애·락에 끌려서 마음을 쓰므로
이로 인하여 자신이나 남이나 해를 많이 보고,

자신의 감정에 '끌려서' 마음을 쓰는 단계이니
소위 '감정의 노예'라고 할 수 있습니다.
수많은 사람들이 자신의 감정을 잘 다루지 못해서 과실과 악을 범하곤 합니다.
모든 종교에서 감정의 다스림을 강조하는 이유입니다.

보살은 희·로·애·락에 초월하여 마음을 쓰므로
이로 인하여 자신이나 남이나 해를 보지 아니하며,

감정의 본질을 파악하여 감정에 얽매이지 않는 단계입니다.

감정을 주체하지 못해서 잘못을 범하는 수준을 넘어선 단계입니다.
자신의 감정이 일어나서 작용하고 사라지는 과정을 깨달아야 가능합니다.
일어나는 감정을 가라앉힐 수 있고 새로운 감정을 일으킬 수도 있습니다.

부처는 희·로·애·락을 노복같이 부려 쓰므로
이로 인하여 자신이나 남이나 이익을 많이 보나니라.]

부처는 마음을 마음대로 쓸 수 있는 경지에 오른 사람입니다.
마음의 자유를 온전히 회복한 인격체입니다.
부처는 마음의 한 가지인 감정들을 자신의 의지대로 사용할 수 있습니다.
상황에 맞게, '절도'에 맞게 자유자재로 감정을 사용하는 단계입니다.
감정을 마음대로 부려 쓰는 부처님들은 감정을 절도에 맞게 쓰기 때문에
감정을 쓸수록 자신과 주변에 유익을 주게 됩니다.
예컨대, 슬픔에 빠진 사람의 마음을 치유해서 기쁜 마음으로 변화시킬 수 있고,
너무 기뻐서 들뜬 사람에게는 차분함을 줄 수 있습니다.
다른 사람의 감정의 정화나 감정의 고양 등을 할 수 있습니다.

대종사님은 무엇이든지 '잘 사용'하는 사람,
그럴 수 있는 마음의 힘이 있는 사람이 되기를 일관되게 원하셨습니다.
"천도에 잘 순응만 하는 것은 보살의 경지요,
천도를 잘 사용하여야 부처의 경지이니,
비하건대 능한 기수騎手는 좋은 말이나 사나운 말이나
다 잘 부려 쓰는 것과 같나니라." - 「대종경」「불지품」6장

"현하 과학의 문명이 발달됨에 따라
물질을 사용하여야 할 사람의 정신은 점점 쇠약하고,
사람이 사용하여야 할 물질의 세력은 날로 융성하여,
쇠약한 그 정신을 항복 받아 물질의 지배를 받게 하므로,

모든 사람이 도리어 저 물질의 노예 생활을 면하지 못하게 되었으니,
그 생활에 어찌 파란 고해波瀾苦海가 없으리요." – 『정전』「개교의 동기」

"일원상과 같이 원만 구족하고 지공 무사한 각자의 마음을 사용하자는 것"
– 『정전』「일원상의 수행」

"심신을 원만하게 사용하는 공부" – 『정전』「일원상 서원문」

"나는 모든 사람들의 마음 작용하는 법을 가르친다고 할 것이며,
거기에 다시 부분적으로 말하자면 지식 있는 사람에게는 지식 사용하는 방식을,
권리 있는 사람에게는 권리 사용하는 방식을,
물질 있는 사람에게는 물질 사용하는 방식을,
원망 생활하는 사람에게는 감사 생활하는 방식을,
복 없는 사람에게는 복 짓는 방식을,
타력 생활하는 사람에게는 자력 생활하는 방식을,
배울 줄 모르는 사람에게는 배우는 방식을,
가르칠 줄 모르는 사람에게는 가르치는 방식을,
공익심 없는 사람에게는 공익심이 생겨나는 방식을 가르쳐 준다고 하겠노니,
이를 몰아 말하자면
모든 재주와 모든 물질과 모든 환경을 오직 바른 도로 이용하도록 가르친다 함이니라."
– 『대종경』「교의품」29장

본 법문에선 희·로·애·락의 감정도 '바른 도로', '잘 사용'하라고 하신 것입니다.
그래서 그런지 대종사님은 "희로애락이 골라 맞으시나 희로애락을 쓰고 나시면 반드시 법이 되어서 대중에게 유익을 주시었다."– 『대종경선외록』「실시위덕장」8장 라는 제자들의 평을 들으셨습니다.

여러 가지 감정 노동에 시달리고 마음의 상처도 많이 받는 현대인들이

감정을 잘 다스리고 사용할 수 있게 된다면 엄청난 복락과 유익을 얻을 것입니다. '희·로·애·락을 노복같이 부려 쓰므로 이로 인하여 자신이나 남이나 이익을 많이 보'는 부처의 경지까지 가기 위해 속 깊은 마음공부에 공을 들여아겠습니다.

나의 마음공부

- 나는 어떤 경우에 감정에 자주 끌리거나 물들곤 하나요?

- 나는 내 감정의 변화를 빠짐없이 잘 읽고, 알아차리고 있나요?

- 나는 감정의 지배를 받는 사람인가요? 감정을 자유자재로 사용할 수 있는 사람인가요?

- 나는 내 감정을 다스리고 잘 사용하기 위해서 어떤 공부를 하고 있나요?

대종사 말씀하시기를
[법위^{法位}가 항마위^{降魔位}에만 오르더라도
천인^{天人} 아수라^{阿修羅}가 먼저 알고 숭배하나니라.
그러나, 그 도인이 한 번 자취를 감추려 들면
그 이상 도인이 아니고는 그 자취를 알 수 없나니라.]

『대종경』「불지품」9장

- **천인^{天人}** : 중생이 업의 원인에 따라 필연적으로 윤회하는 여섯 세계인 육도六道(지옥地獄·아귀餓鬼·축생畜生·아수라阿修羅·인도人道·천도天道)의 하나. 천계에 거주하는 자, 천중天衆이라고도 함. 하늘에 머무는 신. 싼스끄리뜨로는 수라(sura), 데바마누사(deva-manusā) 등으로 표현한다.
- **아수라^{阿修羅}** : 육도六道세계의 하나로 전쟁이 끊이지 않는 세계로 설명됨. 교만심과 시기 질투심이 강한 사람이 태어나게 되는 악귀의 세계. 싼스끄리뜨 아수라(asura)의 음역. 인도 신화에서 선신善神들의 적敵에 대한 총칭. 아소라阿素羅·아소락阿素洛·아수륜阿須倫 등으로 음사音寫하며 수라修羅라고 약칭하기도 한다.

항마위^{降魔位}에만 오르더라도 　| 풀이 |

대종사 말씀하시기를
[법위^{法位}가 항마위^{降魔位}에만 오르더라도
천인^{天人} 아수라^{阿修羅}가 먼저 알고 숭배하나니라.

여기서 '항마위'는 '법강항마위^{法强降魔位}'의 줄임말입니다.
소태산 대종사님은 『정전』 「법위등급」에서 '법위'에 대해서
"공부인의 수행 정도를 따라 여섯 가지 등급의 법위가 있나니
곧 보통급·특신급·법마상전급·법강항마위^{法强降魔位}·출가위^{出家位}·대각여래위^{大覺如來位}니라."라고 했습니다.

또한 법강항마위에 대해서는
"법강항마위는 법마상전급 승급 조항을 일일이 실행하고 예비 법강항마위에 승급하여,
육근을 응용하여 법마상전을 하되 법이 백전 백승하며,
우리 경전의 뜻을 일일이 해석하고 대소 유무의 이치에 걸림이 없으며,
생·로·병·사에 해탈을 얻은 사람의 위요."라고 규정해주셨습니다.

'항마^{降魔}'라 함은 '마^魔'를 '항복^{降服}' 받음을 의미합니다.
'마^魔'란 '마귀^{魔鬼}', '악귀^{惡魔}'를 의미하기도 하지만
'정^正', '정심^{正心}', '정의^{正義}'를 의미하는 '법^法'의 상대 개념으로서
'사^邪', '사심^{邪心}', '불의^{不義}'를 의미한다고 볼 수 있습니다.

대종사님은 법위등급을 6단계로 나누면서
'법강항마위'부터는 '급^級'이라고 하지 않고 '위^位'라고 하셨습니다.
자신 구제^{救濟}의 공부를 어느 정도 마치고

제생의세의 성업을 수행할 성인의 반열에 올랐다고 보셨습니다.

"법강항마위부터는 첫 성위^{聖位}에 오르는지라, 법에 얽매이고 계문에 붙잡히는 공부는 아니하나, 안으로는 또한 심계^{心戒}가 있나니, 그 하나는 자신의 수도와 안일만 취하여 소승에 흐를까 조심함이요, 둘은 부귀 향락에 빠져서 본원이 매각될까 조심함이요, 셋은 혹 신통이 나타나 함부로 중생의 눈에 띄어 정법에 방해될까 조심함이라, 이 밖에도 수양·연구·취사의 삼학을 공부하여, 위로 불지를 더 갖추고 아래로 자비를 더 길러서 중생을 제도하는 것으로 공을 쌓아야 하나니라." - 『대종경』수행품63장

이 같은 법문을 통해서 법강항마위 도인에 대해 더 깊이 알 수 있습니다.
천인이나 아수라와 같은 존재들도 법강항마위 도인에게 힘을 미칠 수는 없습니다.
만약에 그들의 영향을 크게 받는 정도라면 '항마'는 아닌 것입니다.
천만 경계에 응할 때 '법'대로 심신작용을 하는 '법력'이 있는 공부인인 것입니다.

그러나, 그 도인이 한 번 자취를 감추려 들면

위에서 인용한 「수행품」63장에서도
'혹 신통이 나타나 함부로 중생의 눈에 띄어 정법에 방해될까 조심'하라고 하셨으니
교화에 방해가 될 일이 많으니 도인임을 나타낼 필요는 없다는 말씀입니다.
오히려 '대각여래위'를 설명하시면서
'천만방편으로 수기응변^{隨機應變}하여 교화하되 대의에 어긋남이 없고
교화 받는 사람으로서 그 방편을 알지 못하게 하'라고 당부하십니다.
'자취를 감출' 수 있는 능력을 가져야 한다는 말씀입니다.
그것도 교화의 한 방편이기 때문입니다.

그 이상 도인이 아니고는 그 자취를 알 수 없나니라.]

공부인이 섣불리 자신의 안목만으로 사람들을 평가하지 말아야 합니다.

대종사님은 『대종경』 곳곳에서 이미 이런 말씀을 하셨습니다.

"또는 그 사람이 아니면 그 사람을 모르는지라 저의 주견이 투철하게 열리지 못한 사람은 함부로 남의 평을 못하나니라." - 『대종경』 「변의품」 31장

"자기가 도인이 아니면 도인을 보아도 도인인 줄을 잘 알지 못하나니, 자기가 외국 말을 할 줄 알아야 다른 사람이 그 외국 말을 잘 하는지 못 하는지를 알 것이며 자기가 음악을 잘 알아야 다른 사람의 음악이 맞고 안 맞는 것을 알 것이니라. 그러므로, 그 사람이 아니면 그 사람을 잘 알지 못한다 하노라." - 『대종경』 「인도품」 59장

자칫하면 도인에 대한 평가를 그르쳐서 악업을 지을 수 있습니다.
상대를 몰라보고 배움을 얻지 못할 수도 있습니다.
공부인은 늘 속 깊은 마음공부에 공을 들이면서 배움의 태도를 잊지 말아야 합니다.
그래야 '자취를 감추려 드'는 소위 '숨은 도인'을 발견할 수 있을 것이고,
그래야 배움의 기회도 놓치지 않을 것입니다.

나의 마음공부

• 나는 '법강항마위'인가요? 나의 법위는 무엇인가요?

• 아직 법강항마위가 아니라면, 법강항마위에 오르기 위해 어떤 공부를 해야 할까요?

- 도인들이 자취를 감추려는 이유는 무엇일까요?

- 나는 '자취'를 감춘 도인들을 알아볼 수 있나요?

대종사 말씀하시기를
[공부가 최상 구경에 이르고 보면 세 가지로 통함이 있나니
그 하나는 영통靈通이라,
보고 듣고 생각하지 아니하여도
천지 만물의 변태와 인간 삼세의 인과보응을 여실히 알게 되는 것이요,
둘은 도통道通이라,
천조의 대소유무와 인간의 시비이해에 능통하는 것이요,
셋은 법통法通이라,
천조의 대소유무를 보아다가 인간의 시비이해를 밝혀서
만세 중생이 거울하고 본뜰 만한 법을 제정하는 것이니,
이 삼통 가운데 법통만은 대원정각大圓正覺을 하지 못하고는 얻을 수 없나니라.]

『대종경』「불지품」10장

- **구경究竟** : 궁극. 가장 지극한 깨달음. 사리事理를 끝까지 추구하는 일.
- **대원정각 大圓正覺** : 원불교에서 말하는 가장 큰 깨달음의 경지. 진리를 원만하고 크고 바르게 깨닫는 것. 소태산 대종사의 대각을 말한다. 부처의 경지도 천층만층이 있고, 진리에 대한 깨달음의 경지도 크고 작고, 넓고 좁고, 깊고 옅고, 영원하고 일시적인 차이가 있다. 우물 안에서 개구리가 하늘을 쳐다보아도 하늘을 본 것임에는 틀림이 없으나 하늘의 일부분에 불과하다. 이와 같이 진리의 한 부분만을 깨치고서 진리 전체를 깨친 것처럼 착각하는 수가 있다. 대원정각은 진리의 한 부분이 아니라 진리 전체를 크고 바르게 깨친 경지이다. 도통과 영통은 대원정각을 못해도 얻을 수 있다. 대원정각은 진리를 가장 원만하고 크고 바르게 깨친 경지이므로 도통·영통·법통을 다 얻을 수 있다.

영통靈通 도통道通 법통法通 | 풀이 |

대종사 말씀하시기를
[공부가 최상 구경에 이르고 보면 세 가지로 통함이 있나니

'세 가지 통함'을 얻어야 '공부가 최상 구경에' 이른 것이라고 설하십니다.
공부의 구경, 마지막 경지를 말씀해주십니다.
공부에는 끝이 없으니 정성을 다하는 것이 중요하다고 하지만
여기서는 공부의 끝을 알려주십니다.
공부인들이 자신의 공부 수준을 평가하는 기준으로 삼아야겠습니다.

그 하나는 영통靈通이라,
보고 듣고 생각하지 아니하여도
천지 만물의 변태와 인간 삼세의 인과보응을 여실히 알게 되는 것이요,

비유하자면,
거울이 아주 맑고 밝으면 모든 것을 잘 비추는 것과 같다고 할까요.
거울이 별다른 노력을 해서 사물들을 비추는 것이 아닌 것과 같습니다.
사람의 정신도 맑디맑으면
일부러 '보고 듣고 생각하지 아니하여도'
'천지 만물의 변태와 인간 삼세의 인과보응을 여실히 알게 되는 것' 입니다.
우주 만물의 변화하는 현상과
과거 현재 미래에 걸친 인과의 변화를 속속들이 알게 되는 것입니다.
인과보응에 막힘이 없어서 모르는 것이 없는 경지일 것입니다.
대종사님이 말씀하시는 '영통靈通' 입니다.
신령스러운 통함입니다.

둘은 도통道通이라,
천조의 대소유무와 인간의 시비이해에 능통하는 것이요,

대종사님은 '천조의 대소유무'를 '이理'로,
'인간의 시비이해'를 '사事'로 보셨습니다.
따라서 도통이란 일과 이치에 걸림 없이 아는 경지를 의미합니다.
소위 '이무애理無碍사무애事無碍'의 경지입니다.
원불교 교리로 보자면,
'인생길', '인생의 요도', '사은사요'의 신앙길에 통달한 것이요,
'공부길', '공부의 요도', '삼학팔조'의 수행길에 통달한 경지입니다.
'안'과 '밖' 모두를 하나로 꿰는 도道를 깨달아 자유자재하는 경지입니다.

대종사님은 '도道'에 대해 이렇게 설명하셨습니다.
"무릇, 도라 하는 것은 쉽게 말하자면 곧 길을 이름이요,
길이라 함은 무엇이든지 떳떳이 행하는 것을 이름이니,
그러므로 하늘이 행하는 것을 천도天道라 하고,
땅이 행하는 것을 지도地道라 하고,
사람이 행하는 것을 인도人道라 하는 것이며,
인도 가운데에도 또한 육신이 행하는 길과 정신이 행하는 길 두 가지가 있으니,
이 도의 이치가 근본은 비록 하나이나
그 조목은 심히 많아서 가히 수로써 헤아리지 못하나니라." - 「대종경」「인도품」1장

떳떳이, 마땅히 가야 할 길을 아는 사람은
편안한 마음으로 길을 갈 수 있고 반드시 목적지에 도달합니다.
도통을 해야 '사사물물을 접응할 때마다 각각 당연한 길' - 「인도품」1장 을 갈 수 있습니다.

셋은 법통法通이라,
천조의 대소 유무를 보아다가 인간의 시비 이해를 밝혀서

만세 중생이 거울하고 본뜰 만한 법을 제정하는 것이니,

도통을 해야 법통을 할 수 있습니다.
'도'가 '길'이라면 '법'은 그 '길을 가는 방법'이기 때문입니다.
세상의 모든 길을 알아야 그 길을 가는 방법도 안내할 수 있는 것과 같습니다.
'도'와 '법'을 '진리'의 의미로 함께 쓰기도 하지만,
여기서는 '법法'은 주로 '인도人道'를 실행하기 위해서 밝힌
인간 규범이라고 할 수 있습니다.
'만세 중생이 거울하고 본뜰 만한 법을 제정하는 것'이라고 하셨으니,
신앙법, 수행법 등 종교의 교법도 포함한 광의의 규범이라고 할 수 있습니다.

『정전』「법률은」에서 대종사님은
'대범, 법률이라 하는 것은 인도 정의의 공정한 법칙을 이름'한다고 했습니다.
'인도 정의의 공정한 법칙'을 만들려면 '대소유무' 이치에 통달해야 하고
거기에 바탕해서 인간의 '시비이해'를 건설해야 함이 당연한 이치입니다.
이 내용 그대로가 『정전』「법위등급」'출가위' 조항에는
'대소 유무의 이치를 따라 인간의 시비 이해를 건설하며'라고 명기되어 있습니다.

누구나 '법'을 만들 수는 있지만 진리에 바탕한 법을 만들기는 쉽지 않습니다.
악법으로 인해 엄청난 과보를 받은 인간의 역사가 이를 증명합니다.
진리에 대한 원만한 깨달음을 얻은 지혜로운 사람이 법을 만들어야
'파란고해의 일체 생령을 광대무량한 낙원으로 인도'-『정전』「개교의 동기」 할 수 있습니다.
편파적인 법, 삿된 법, 그릇된 법은 파란고해의 파도만 높게 만들 것입니다.

이 삼통 가운데 법통만은 대원 정각大圓正覺을 하지 못하고는 얻을 수 없나니라.]

『원불교대사전』은 '대원정각大圓正覺'을 '원불교에서 말하는 가장 큰 깨달음의 경지. 진리를 원만하고 크고 바르게 깨닫는 것. 소태산 대종사의 대각을 말한다.'라고 설명합니다.

『정전』에 의하면 가장 확실한 대원정각의 단계는 '대각여래위'일 것입니다.
또한 '대소유무의 이치를 따라 인간의 시비이해를 건설하며'라는 '출가위' 내용을
보면 출가위 공부인도 '법통'을 했다고 볼 수 있습니다.

대종사님께서 이렇듯 '법통'에 대해서 엄격하게 설하신 바를 볼 때
'만세 중생이 거울하고 본뜰 만한 법을 제정하는 것'에 대해
얼마나 엄중하게 생각했는지를 알 수 있습니다.
대원정각을 하거나, 법위가 출가위나 대각여래위에 오르지 않았다면
'법통'을 했다고 해서는 안 되고, 법을 만드는 일도 하지 말아야 합니다.
자칫하면 악업을 지을 수 있습니다.
이 법은 수많은 사람들이 따라야 할 것이기 때문입니다.

참고로 정산 종사님은 삼통에 대해 이런 법문을 하셨습니다.
"도통 법통을 먼저 하고 끝으로 영통을 하여야 하나니,
만일 영통을 먼저 하면 사람이 사(邪)에 떨어져 그릇되기 쉽고
공부도 커나가지 못한다" – 『정산종사법어』 「응기편」 28장

나의 마음공부

- 나는 어느 정도나 '천지 만물의 변태와 인간 삼세의 인과보응을 여실히 알' 수 있나요?

- 나는 어느 정도나 '천조의 대소유무와 인간의 시비이해에 능통' 하나요?

- 나는 어떤 법을 볼 때 그 법이 '천조의 대소유무를 보아다가 인간의 시비이해를 밝혀서 만세 중생이 거울하고 본뜰 만한 법'인 줄을 알 수 있나요?

- 나는 '대원정각大圓正覺'을 하기 위해 어떤 노력을 하고 있나요?

- 나는 어느 정도나 '천조의 대소유무를 보아다가 인간의 시비이해를 밝혀서 만세 중생이 거울하고 본뜰 만한 법을 제정' 할 수 있나요?

대종사 말씀하시기를
[아무리 큰 살림이라도
하늘 살림과 합산한 살림 같이 큰 살림이 없고,
아무리 큰 사람이라도
하늘 기운과 합한 사람같이 큰 사람이 없나니라.]

『대종경』「불지품」11장

• **살림** : 한집안을 이루어 살아가는 일. 살아가는 형편이나 정도. 집 안에서 주로 쓰는 세간.

큰 살림 큰 사람 | 풀이 |

대종사 말씀하시기를
[아무리 큰 살림이라도
하늘 살림과 합산한 살림 같이 큰 살림이 없고,
아무리 큰 사람이라도
하늘 기운과 합한 사람같이 큰 사람이 없나니라.]

무엇이 진정 '큰 살림'이요, '큰 사람'인지를 알려주십니다.
'하늘 살림과 합산한 살림', '하늘 기운과 합한 사람'이라고 설하십니다.

그런데 무엇이 '하늘 살림과 합산한 살림'이고,
무엇이 '하늘 기운과 합한 사람'일까요?

"만유가 한 체성이며 만법이 한 근원이로다. 이 가운데 생멸 없는 도道와 인과
보응되는 이치가 서로 바탕하여 한 두렷한 기틀을 지었도다." - 『대종경』「서품」1장
이 법문에 의하면 '만유가 한 체성'임을 깨달아 만유와 하나된 사람일 것입니다.

"이 원상圓相의 진리를 각覺하면 시방 삼계가 다 오가吾家의 소유인 줄을 알며",
-『정전』「일원상 법어」라는 법문에 의하면 진리를 깨달아 시방 삼계를 다 자기 집으로 아는
사람입니다.

"원근친소와 자타의 국한을 벗어나서 일체 생령을 위하여 천신만고와 함지사지를
당하여도 여한이 없는 사람의 위" - 『정전』「법위등급」인 출가위 도인이어야 합니다.

"대자대비로 일체 생령을 제도하되 만능萬能이 겸비" - 『정전』「법위등급」한 대각여래위

도인이어야 합니다.

"일원의 위력을 얻도록까지 서원하고 일원의 체성에 합하도록까지 서원함"이라는
「일원상 서원문」 내용으로 보자면
'일원의 위력을 얻은' 사람이 하늘 살림을 하는 가장 큰 살림을 하는 사람이고,
'일원의 체성에 합'한 사람이 하늘 기운과 합한 가장 큰 사람이라고 하겠습니다.

마음공부를 깊이 해서 나와 너의 경계를 녹인 사람이 큰 사람이고,
지은보은의 감사생활을 잘하는 사람이 가장 큰 살림을 하는 사람일 것입니다.

참고로, 정산 종사님의 '삼동윤리三同倫理' 역시 본 법문과 일맥상통합니다.
'동원도리同源道理'를 바탕으로 해서,
'동기연계同氣連契'는 '하늘 기운과 합한 사람같이 큰 사람',
'동척사업同拓事業'은 '하늘 살림과 합산한 살림 같이 큰 살림'과 맥이 이어집니다.

일원의 진리를 깨달은 불보살 즉 '큰 사람'들이
일체 생령을 한 가족으로 삼고 온 세상을 한 일터로 삼아 '큰 살림'을 해야
비로소 정산 종사님이 꿈꾸신 '대동 화합'의 세상이 되고
소태산 대종사님이 꿈꾸신 '광대무량한 낙원세상'이 열릴 것입니다.

나의 마음공부

• 내 살림살이의 크기는 어느 정도인가요?

• 내가 맡을 수 있는 살림의 크기는 어느 정도인가요?

• 나는 얼마나 '큰 사람'인가요?

• 큰 사람과 작은 사람을 분별하는 기준은 무엇일까요?

• 내가 본 인물 중에 가장 '큰 살림'을 하는 가장 '큰 사람'은 누구인가요?

• 나는 어느 정도의 사람이 되어 어느 정도의 살림을 하고 싶나요?

대종사 말씀하시기를
[우주의 진리를 잡아 인간의 육근 동작에 둘러씌워 활용하는 사람이
곧 천인이요 성인이요 부처니라.]

『대종경』「불지품」12장

- 육근六根 : 육식六識을 낳는 눈, 귀, 코, 혀, 몸, 뜻의 여섯 가지 근원. 육식六識이 경계(六境)를 인식하는 경우 그 소의所依가 되는 여섯 개의 뿌리. 곧 심신을 작용하는 여섯 가지 감각기관으로서, 눈(眼根)·귀(耳根)·코(鼻根)·입(舌根)·몸(身根)·뜻(意根)의 총칭이다. 12처十二處 중의 6처六處에 해당하며 육입六入이라고도 한다. 안계眼界등의 전5근前五根은 감각기관(五官) 또는 그 기능을 의미하고, 그 체體는 색법色法, 곧 색근色根이다. 여기에서 의근意根은 심법心法으로 무색근無色根이다.
- 육근 동작六根動作 : 안·이·비·설·신·의 육근六根이 작용함을 말함. '육근 작용' 등과 혼용하며 인간의 일상생활을 표현하는 용어로 사용되기도 한다. 소태산 대종사는 "우리에게 우연히 돌아오는 고락이나 우리가 지어서 받는 고락은 각자의 육근을 운용하여 일을 짓는 결과이니, 우리가 일의 시비이해를 모르고 자행자지 한다면 찰나 찰나로 육근을 동작하는 바가 모두 최고로 화하여 전정 고해가 한이 없을 것이요"(『정전』,'사리연구의 목적')라고 했다. 또한 『정전』, '정기훈련법'에서 "주의는 사람의 육근을 동작할 때에 하기로 한 일과 안 하기로 한 일을 경우에 따라 잊어버리지 아니하고 실행하는 마음을 이름이요"라고 했으며, 『정전』, '좌선의 공덕'에서는 "육근동작에 순서를 얻는 것이요"라고 말하는 것으로 보아 육근을 이용하여 일상생활하는 모든 행위를 '육근 동작'이라 규정하고 있다.

인간의 육근 동작 | 풀이 |

대종사 말씀하시기를
[우주의 진리를 잡아 인간의 육근 동작에 둘러씌워 활용하는 사람이
곧 천인이요 성인이요 부처니라.]

소태산 대종사님의 성인관, 부처관입니다.
천인, 성인, 부처를 한 가지 잣대로 평가하십니다.
인간의 궁극적 인격 완성의 기준을 명시적으로 설하십니다.
'우주의 진리를 잡아 인간의 육근 동작에 둘러씌워 활용하는' 것이라고.
우주의 진리를 알지도 못하는 사람도 있을 것이고,
우주의 진리를 깨달았지만 육근 동작에 활용하지 못하는 사람도 있을 것이고,
우주의 진리를 깨달아서 육근 동작에 부분적으로 활용하는 사람도 있을 것이고,
우주의 진리를 깨달아서 육근 동작에 많이 활용하는 사람도 있을 것이고,
우주의 진리를 깨달아서 육근 동작에 완전히 활용하는 사람도 있을 것입니다.

이런 구분이 결국 범부, 중생과 불보살을 구분하는 기준인 셈입니다.
대종사님은 이를 '법위등급'으로 설명하셨습니다.

'우주의 진리를 잡아'의 뜻을 '우주의 진리를 깨달아'로 보면
이것이 바로 '견성見性', '깨달음'의 의미이고,
'인간의 육근 동작에 둘러씌워 활용'하는 것은 '성불成佛'의 과정으로 볼 수 있습니다.

대종사님은 '심신작용心身作用'을 매우 중시하십니다.
삼학 수행도 '심신을 원만하게 수호하는 공부, 사리를 원만하게 아는 공부, 심신을
원만하게 사용하는 공부' - 『정전』「일원상 서원문」라고 하셨고,

「일원상 법어」에서는 굳이 ○(일원상)을 육근마다 따로 표시하며 '이 원상은 눈을 사용할 때에 쓰는 것이니 원만구족한 것이며 지공무사한 것이로다.'라는 식으로 심신작용, 육근 동작의 중요성을 강조하셨습니다.

"우리에게 우연히 돌아오는 고락이나 우리가 지어서 받는 고락은 각자의 육근六根을 운용하여 일을 짓는 결과이니, 우리가 일의 시·비·이·해를 모르고 자행자지한다면 찰나찰나로 육근을 동작하는 바가 모두 죄고로 화하여 전정 고해가 한이 없을 것이요,"
– 『정전』 「삼학」 '사리연구'

"정각 정행은 일원의 진리 곧 불조 정전正傳의 심인을 오득悟得하여 그 진리를 체받아서 안·이·비·설·신·의 육근을 작용할 때에 불편 불의不偏不倚하고 과불급過不及이 없는 원만행을 하자는 것이며," – 『정전』 「사대강령」 '정각정행'

"육근을 응용하여 법마상전을 하되" – 『정전』 「법위등급」 '법강항마위'

"출가위出家位 이상 되는 도인이라야 하나니, 그런 도인들은 육근六根을 동작하는 바가 다 법으로 화하여 만대의 사표가 되나니라." – 『대종경』 「불지품」 5장

이런 법문들이 모두 심신작용, 육근 동작의 중요성을 말하고 있습니다.
사람의 모든 행위는 곧 육근 동작입니다.
줄여서 말하자면 몸과 마음의 작용입니다.
몸은 마음이 하자는 대로 따라갑니다.
그래서 마음이 중요하고, 마음공부가 중요한 것입니다.

진리를 마음으로 온전히 깨닫고, 육근으로 온전히 동작하는 것이 교법의 핵심입니다.
이것이 주세불 소태산 대종사님의 가르침의 핵심입니다.

멀리서 찾지 말고 이 공부에 매진할 때
천인天人, 성인聖人, 부처가 될 수 있다고 알려주십니다.

누가 천인, 성인, 부처인지를 알고 싶다면
그들의 '육근 동작'을 보면 알 수 있습니다.
그들의 '육근 동작'이 '우주의 진리'에 바탕해 있는지를 보면 됩니다.

내가 지금 안·이·비·설·신·의 육근을 어떻게 동작하고 있는지에
공부의 성패가 달려있습니다.
부처가 되고 말고도 바로 여기에 달렸습니다.

나의 마음공부

• 나는 나의 '육근 동작'을 일일이 알아차리고 있나요?

• 나는 '우주의 진리'를 얼마나 깨달았나요?

• 나는 내가 깨달은 진리를 나의 '육근 동작'에 얼마나 활용하고 있나요?

• 나는 내 육근 동작의 결과를 잘 예측하고 있나요?

• 나는 나의 육근 동작의 결과를 진리적으로 평가할 수 있나요?

13

대종사 말씀하시기를
[천지에 아무리 무궁한 이치가 있고 위력이 있다 할지라도
사람이 그 도를 보아다가 쓰지 아니하면
천지는 한 빈 껍질에 불과할 것이어늘
사람이 그 도를 보아다가 각자의 도구같이 쓰게 되므로
사람은 천지의 주인이요 만물의 영장이라 하나니라.

사람이 천지의 할 일을 다 못하고
천지가 또한 사람의 할 일을 다 못한다 할지라도
천지는 사리간에 사람에게 이용되므로
천조의 대소유무를 원만히 깨달아서 천도를 뜻대로 잡아 쓰는 불보살들은
곧 삼계의 대권을 행사함이니,
미래에는 천권天權보다 인권人權을 더 존중할 것이며,
불보살들의 크신 권능을 만인이 다 같이 숭배하리라.]

『대종경』「불지품」13장

도를 뜻대로 잡아 쓰는 불보살 | 풀이 |

「교의품」12장의 내용과 거의 같은 내용의 법문입니다.

대종사 말씀하시기를
[천지에 아무리 무궁한 이치가 있고 위력이 있다 할지라도
사람이 그 도를 보아다가 쓰지 아니하면
천지는 한 빈 껍질에 불과할 것이어늘
사람이 그 도를 보아다가 각자의 도구같이 쓰게 되므로
사람은 천지의 주인이요 만물의 영장이라 하나니라.

'천지' 그 자체가 진리의 나타남입니다.
'천지' 그 자체가 무궁한 이치를 가지고 있습니다.
'천지' 그 자체가 가장 큰 위력을 가지고 있습니다.
'천지'는 곧 '자연'입니다. '스스로(自) 그러한(然)' 것일 뿐입니다.
인간이 어쩔 수 없는 것입니다.
'천지'도 '무궁한 이치'도 '위력'도 원래 그러한 것입니다.
사람이 그 도를 보고 깨달아 활용할 뿐입니다.
그래서 사람을 만물의 영장, 최령한 존재라고 합니다.

소태산 대종사님께서는 진리를 대각하시고 이렇게 설하셨습니다.
"만유가 한 체성이며 만법이 한 근원이로다.
이 가운데 생멸 없는 도(道)와 인과 보응되는 이치가 서로 바탕하여
한 두렷한 기틀을 지었도다." - 『대종경』「서품」1장
이 법문과 「불지품」13장 법문을 비교해보는 것도 의미가 있습니다.

'천지에 아무리 무궁한 이치가 있고 위력이 있다 할지라도'라는 법문은
'만유가 한 체성이며 만법이 한 근원이로다.'라는 내용과 상응하고,
'사람이 그 도를 보아다가 쓰지 아니하면'이란 내용은
'이 가운데 생멸 없는 도道와 인과 보응되는 이치가 서로 바탕하여'에 상응한다고
볼 수 있습니다.
요컨대, 대종사님은 '인과보응의 이치'로 천지의 도를 활용하도록 한 것입니다.

천지에 있는 '무궁한 이치'를 온전히 발견하는 것이 깨달음이고,
그 '무궁한 이치' 즉 '도'를 내가 '육근 동작'에 활용하는 것이 수행의 목적입니다.

사람이 천지의 할 일을 다 못하고
천지가 또한 사람의 할 일을 다 못한다 할지라도
천지는 사리간에 사람에게 이용되므로
천조의 대소유무를 원만히 깨달아서 천도를 뜻대로 잡아 쓰는 불보살들은
곧 삼계의 대권을 행사함이니,
미래에는 천권天權보다 인권人權을 더 존중할 것이며,
불보살들의 크신 권능을 만인이 다 같이 숭배하리라.]

대종사님의 가르침은 일관됩니다.
진리를 깨달아서 인간의 삶에 활용하라는 것입니다.

인간의 역사는 곧 '천조의 대소유무' 이치를 '깨닫는' 과정이었고
그 이치를 '인간의 삶에 활용'하는 과정이었습니다.
자연과학이나 사회과학이나 종교나 도덕도 그 일부였을 뿐입니다.
수많은 착각과 오해와 과오를 거쳤으나
인간의 역사는 '진리'에 수렴하고 있습니다.
점점 더 진리와 사실에 바탕한 삶으로 다가가고 있습니다.

'천조의 대소유무를 원만히 깨달아서 천도를 뜻대로 잡아 쓰는' 사람들이
'불보살'이니 그들의 삶이 과학적이고, 진리적이고, 사실적인 것입니다.
'삼계의 대권'이 특별히 신비한 능력이 아닙니다.
이런 불보살의 능력을 일컫는 것입니다.

불보살들의 노력에 의해 인류의 '참 문명 세계'가 열려갈 것입니다.
인간의 깨달음과 진리 활용 능력이 무한히 늘어나고 있습니다.
인간의 권능이 매우 중요한 세상이 되고 있습니다.
'천권天權'의 위대함은 늘 그대로이지만
'인권人權'의 비중은 점점 더 늘어날 것입니다.
바른 마음으로 원만한 인격을 갖춰 진리를 무한히 활용하는
불보살들이 미래의 주인공이 될 것입니다.
불보살들의 권능은 오롯이 '만인'을 위해 활용될 것이니
'만인'이 모두 불보살의 크신 권능을 숭배하게 될 것입니다.
불보살들은 지공무사至公無私하기 때문입니다.

나의 마음공부

• 천지의 무궁한 이치를 어떻게 볼 수 있나요?

• 천지의 무궁한 이치를 어떻게 해야 활용할 수 있을까요?

• '삼계의 대권을 행사'하려면 어떻게 해야 할까요?

• 왜 '미래에는 천권天權보다 인권人權을 더 존중'할까요?

• 왜 '불보살들의 크신 권능을 만인이 다 같이 숭배'할까요?

14

대종사 말씀하시기를

[중생들은 그릇이 작은지라,

없던 것이 있어진다든지 모르던 것이 알아지고 보면 곧 넘치기가 쉽고

또는 가벼이 흔들려서 목숨까지 위태롭게도 하나,

불보살들은 그 그릇이 국한이 없는지라,

있어도 더한 바가 없고 없어도 덜할 바가 없어서

그 살림의 유무를 가히 엿보지 못하므로

그 있는 바를 온전히 지키고 그 명命을 편안히 보존하나니라.]

『대종경』「불지품」14장

불보살들은 그 그릇이 국한이 없는지라 | 풀이 |

대종사 말씀하시기를
[중생들은 그릇이 작은지라,

중생衆生이란 여러 생명체들을 의미하기도 하고,
부처님의 구제가 필요한 어리석은 사람을 의미하기도 합니다.
이 법문에서는 후자로 해석해야 할 것 같습니다.

중생은 진리는 깨닫지 못한 사람이고,
원만한 인격을 완성하지 못한 사람이라고 할 수 있습니다.
여기서 '그릇'이란 마음이나 인격을 비유한다고 볼 수 있습니다.
진리를 깨닫지 못하고 원만한 인격을 갖추지 못하면
마음 씀씀이나 인격도 편협해질 수밖에 없습니다.

없던 것이 있어진다든지 모르던 것이 알아지고 보면 곧 넘치기가 쉽고

마음 그릇, 인격의 그릇에 뭔가 담기면 금방 차고 넘치게 됩니다.
여유와 여지가 없기 때문입니다.
무한한 진리를 깨달아 자기 인격 완성에 힘쓰지 못했기 때문입니다.
'유무초월有無超越'을 할 수 없기 때문입니다.

또는 가벼이 흔들려서 목숨까지 위태롭게도 하나,

작은 경계에도 마음이 흔들려 삶이 위태로워질 수 있습니다.
천만 경계에 '온전한 생각으로 취사'하는 능력이 부족하기 때문입니다.

경계 하나하나에 잘 응해서 심신작용을 잘하면 경계가 은혜가 되지만
잘못 응해서 심신작용을 한다면 경계 하나하나가 모두 위기가 됩니다.

작은 배는 큰 파도에 부서지고
작은 집은 거센 바람에 허물어집니다.
파도와 바람을 탓할 것이 아니라 배와 집을 크고 튼튼하게 할 일입니다.
사람도 마찬가지입니다.
천만 경계를 탓할 일이 아니라 나를 튼튼히 키워야 합니다.
삼학 수행으로 삼대력을 키우고 지은보은으로 복을 키우고 타력을 빌려야 합니다.
자력도 키우고 사은의 위력도 힘입어야 위태로움에서 벗어날 수 있습니다.
그래야 작은 그릇에서 벗어날 수 있습니다.

불보살들은 그 그릇이 국한이 없는지라,

불보살은 진리를 깨달은 사람입니다.
소태산 대종사님은 진리를 깨달은 경지를 이렇게 설했습니다.
"이 원상圓相의 진리를 각覺하면 시방 삼계가 다 오가吾家의 소유인 줄을 알며, 또는 우주 만물이 이름은 각각 다르나 둘이 아닌 줄을 알며, 또는 제불·조사와 범부·중생의 성품인 줄을 알며, 또는 생·로·병·사의 이치가 춘·하·추·동과 같이 되는 줄을 알며, 인과 보응의 이치가 음양상승陰陽相勝과 같이 되는 줄을 알며, 또는 원만구족한 것이며 지공무사한 것인 줄을 알리로다." - 『정전』, 「일원상 법어」

이어서 이 진리를 '육근 동작에 둘러씌워 활용' -「불지품」12장 할 수 있도록
육근에 따라 일일이 일러주셨습니다.

"◯ 이 원상은 눈을 사용할 때에 쓰는 것이니
원만 구족한 것이며 지공 무사한 것이로다.

◯ 이 원상은 귀를 사용할 때에 쓰는 것이니
원만 구족한 것이며 지공 무사한 것이로다.

◯ 이 원상은 코를 사용할 때에 쓰는 것이니
원만 구족한 것이며 지공 무사한 것이로다.

◯ 이 원상은 입을 사용할 때에 쓰는 것이니
원만 구족한 것이며 지공 무사한 것이로다.

◯ 이 원상은 몸을 사용할 때에 쓰는 것이니
원만 구족한 것이며 지공 무사한 것이로다.

◯ 이 원상은 마음을 사용할 때에 쓰는 것이니
원만 구족한 것이며 지공 무사한 것이로다. " - 『정전』 「일원상 법어」

불보살이란 이렇게 일원상의 진리를 깨달은 사람이고
깨달은 진리를 '육근 동작'에 적용해서 활용하는 사람입니다.
깨달음과 인격이 원만구족하고 조화롭게 완성된 존재입니다.
그래서 대종사님께서 '불보살들은 그 그릇이 국한이 없는지라'라고 하신 것입니다.

있어도 더한 바가 없고 없어도 덜할 바가 없어서
그 살림의 유무를 가히 엿보지 못하므로
그 있는 바를 온전히 지키고 그 명命을 편안히 보존하나니라.]

나와 너의 경계를 초월하고, 유와 무의 경계를 초월했으니
어떤 경계에도 자유자재하여 범부와 중생으로서는 그 살림을 가늠할 수 없습니다.
불보살은 무엇이든 채우려면 채우고 비우려면 비울 수 있기 때문입니다.
천만 경계가 어찌할 수 없는 경지에 머무는 이들이 불보살입니다.

천만 경계를 천만 은혜로 활용할 수 있는 분들입니다.
그러니 능히 '그 있는 바를 온전히 지키고 그 명을 편안히 보존'할 수 있습니다.
공부인들은 이런 불보살들의 경지를 향해 나아가는 사람들입니다.

나의 마음공부

- 내 깨달음의 크기는 얼마나 되나요?

- 내 인격의 크기는 얼마나 되나요?

- 천만 경계에 흔들리지 않는 마음의 힘을 얼마나 갖추었나요?

- 천만 경계에도 '그 있는 바를 온전히 지키고 그 명命을 편안히 보존'할 수 있는 법력을 어떻게 갖추어야 할까요?

15

대종사 선원 대중에게 말씀하시기를
[범부들은 인간락에만 탐착하므로 그 낙이 오래가지 못하지마는
불보살들은 형상 없는 천상락을 수용하시므로 인간락도 아울러 받을 수 있나니,
천상락이라 함은 곧 도로써 즐기는 마음락을 이름이요,
인간락이라 함은 곧 형상 있는 세간의 오욕락을 이름이라,

알기 쉽게 말하자면 처자로나 재산으로나 지위로나 무엇으로든지
형상 있는 물건이나 환경에 의하여 나의 만족을 얻는 것은 인간락이니,
과거에 실달(悉達)태자가 위는 장차 국왕의 자리에 있고 몸은 이미 만민의 위에 있어서 이목의
좋아하는 바와 심지의 즐거워하는 바를
마음대로 할 수 있었던 것은 인간락이요,

이와 반면에 정각을 이루신 후 형상 있는 물건이나 환경을 초월하고
생사 고락과 선악 인과에 해탈하시어 당하는 대로 마음이 항상 편안한 것은
천상락이니,
옛날에 공자(孔子)가
"나물 먹고 물 마시고 팔을 베고 누웠을지라도 낙이 그 가운데 있으니,
의 아닌 부와 귀는 나에게는 뜬구름 같다" 하신 말씀은
색신을 가지고도 천상락을 수용하는 천인의 말씀이니라.

그러나, 인간락은 결국 다할 날이 있으니,
온 것은 가고 성한 것은 쇠하며,
난 것은 죽는 것이 천리의 공도라,
비록 천하에 제일가는 부귀공명을 가졌다 할지라도

노·병·사의 앞에서는 저항할 힘이 없나니
이 육신이 한 번 죽을 때에는
전일에 온갖 수고와 온갖 욕심을 다 들여놓은 처자나 재산이나 지위가
다 뜬구름같이 흩어지고 말 것이나,
천상락은 본래 무형한 마음이 들어서 알고 행하는 것이므로
비록 육신이 바뀐다 할지라도 그 낙은 여전히 변하지 아니할 것이니,
비유하여 말하자면 이 집에서 살 때에 재주가 있던 사람은
다른 집으로 이사를 갈지라도 재주는 그대로 있는 것과 같나니라.]

『대종경』「불지품」15장

천상락 인간락　| 풀이 |

대종사 선원 대중에게 말씀하시기를
[범부들은 인간락에만 탐착하므로 그 낙이 오래가지 못하지마는
불보살들은 형상 없는 천상락을 수용하시므로 인간락도 아울러 받을 수 있나니,

락樂, 삶의 즐거움 을 '천상락天上樂'과 '인간락人間樂'으로 크게 나눠서 설명해주십니다.
범부들은 인간락에만 탐착하지만 그 낙을 오래 유지하기 어렵다고 알려주십니다.
맛있는 것을 먹는다든지, 색욕을 채운다든지, 재물을 모은다든지 하는 것들입니다.
이런 즐거움들이 얼마나 영원할 것인지를 생각해보면 바로 이해할 수 있습니다.
하지만 불보살들은 천상락을 구하지만 인간락도 따라온다고 알려주십니다.
천상락과 인간락에 대한 구체적인 설명이 이어집니다.

천상락이라 함은 곧 도로써 즐기는 마음락을 이름이요,
인간락이라 함은 곧 형상 있는 세간의 오욕락을 이름이라,

'천상락'은 '마음락', '인간락'은 '오욕락'이라고 새롭게 설명해주십니다.

알기 쉽게 말하자면 처자로나 재산으로나 지위로나 무엇으로든지
형상 있는 물건이나 환경에 의하여 나의 만족을 얻는 것은 인간락이니,
과거에 실달悉達태자가 위는 장차 국왕의 자리에 있고 몸은 이미 만민의 위에 있어서 이목의
좋아하는 바와 심지의 즐거워하는 바를
마음대로 할 수 있었던 것은 인간락이요,

석가모니 부처님의 출가 이전 왕자로서의 생활을 묘사하시면서
인간락을 설명하십니다.

더 이상의 부연이 필요 없는 사실적인 법문입니다.

이와 반면에 정각을 이루신 후 형상 있는 물건이나 환경을 초월하고
생사 고락과 선악 인과에 해탈하시어 당하는 대로 마음이 항상 편안한 것은
천상락이니,

인간락이 주로 인간의 욕망을 충족시키는 데서 오는 육신의 즐거움이라면,
천상락은 주로 마음의 해탈과 자유로부터 오는 정신적 즐거움이라고 할 수 있습니다.

옛날에 공자孔子가
"나물 먹고 물 마시고 팔을 베고 누웠을지라도 낙이 그 가운데 있으니,
의 아닌 부와 귀는 나에게는 뜬구름 같다" 하신 말씀은
색신을 가지고도 천상락을 수용하는 천인의 말씀이니라.

어려운 처지에서 배를 곯으면서도 즐거움을 말씀하신 공자님의 예를 빌어
'색신을 가지고도 천상락을 수용하는' 가르침을 전해주십니다.
육신을 떠나서 천상계에서 누리는 락이 천상락이 아니라
지금 여기서 몸과 마음으로 누릴 수 있는 천상락을 알려주시려는 목적입니다.
공자님은 지극한 천상락을 누리셨기 때문에
'의義 아닌 부富와 귀貴'를 '뜬구름'으로 여길 수 있었습니다.
대종사님께서 배고픈 공자님을 '천인天人'이라고 칭하는 이유입니다.

그러나, 인간락은 결국 다할 날이 있으니,
온 것은 가고 성한 것은 쇠하며,
난 것은 죽는 것이 천리의 공도라,
비록 천하에 제일가는 부귀공명을 가졌다 할지라도
노·병·사의 앞에서는 저항할 힘이 없나니
이 육신이 한 번 죽을 때에는

전일에 온갖 수고와 온갖 욕심을 다 들여놓은 처자나 재산이나 지위가
다 뜬구름같이 흩어지고 말 것이나,

인간락의 한계와 허망함을 자세히 설명해주십니다.
안간락에 집착함이 부질없음을 명심해야겠습니다.

천상락은 본래 무형한 마음이 들어서 알고 행하는 것이므로
비록 육신이 바뀐다 할지라도 그 낙은 여전히 변하지 아니할 것이니,
비유하여 말하자면 이 집에서 살 때에 재주가 있던 사람은
다른 집으로 이사를 갈지라도 재주는 그대로 있는 것과 같나니라.]

중생들은 육도를 윤회합니다.
하지만 진리를 깨달아 마음의 힘을 갖춘 불보살들이 누리는 천상락은
설사 윤회를 한다 해도 변함이 없음을 알려주십니다.
'육신'이 바뀔 뿐 '마음'은 불변할 수 있기 때문입니다.
물론 힘이 부족한 중생들의 마음이 아니라
수행으로 다져진 불보살들의 단단한 마음일 경우입니다.
육신이 바뀔 때마다 바뀔 수밖에 없는 인간락이 아니라
영원히 누릴 수 있는 불보살의 천상락을 구하라는 가르침입니다.

나의 마음공부

• 내가 구하는 즐거움, 락(樂)은 어떤 종류의 즐거움인가요?

• 내가 느끼는 고통은 주로 어디서 비롯되나요?

• 내 삶의 즐거움 가운데 인간락과 천상락의 비율이 어떻게 되나요?

• 나는 불보살의 천상락을 구하기 위해 어떤 노력을 하고 있나요?

• 나는 어떤 천상락을 즐기고 있나요?

16

대종사 이어서 말씀하시기를
[그러므로, 옛 성인의 말씀에
"사흘의 마음공부는 천년의 보배요, 백 년의 탐낸 물건은 하루아침 티끌이라"
하였건마는 범부는 이러한 이치를 알지 못하므로
자기의 몸만 귀히 알고 마음은 한 번도 찾지 아니하며,
도를 닦는 사람들은 이러한 이치를 알므로 마음을 찾기 위하여 몸을 잊나니라.

그런즉, 그대들은 너무나 무상한 모든 유(有)에 집착하지 말고
영원한 천상락을 구하기에 힘을 쓰라.
만일 천상락을 오래오래 계속한다면,
결국은 심신의 자유를 얻어서 삼계의 대권을 잡고
만상의 유무와 육도의 윤회를 초월하여
육신을 받지 아니하고 영단(靈丹)만으로 시방세계에 주유할 수도 있고,
금수 곤충의 세계에도 임의로 출입하여 도무지 생사 거래에 걸림이 없으며,
어느 세계에 들어가 색신을 받는다 할지라도 거기에 조금도 물들지 아니하고
길이 낙을 누릴 것이니 이것이 곧 극락이니라.

그러나, 천상락을 길게 받지 못하는 원인은
형상 있는 낙에 욕심이 발하여 물질에 돌아감이니
비록 천상락을 받는 사람이라도 천상락 받을 일은 하지 않고
낙만 받을 욕심이 한 번 발하면 문득 타락하여 심신의 자유를 잃고
순환하는 대자연의 수레바퀴에 끌려서 또다시 육도의 윤회를 면하지 못하나니라.]

『대종경』「불지품」16장

- **영단靈丹** : (1)깊은 수양으로 얻어진 신령스러운 마음의 힘. 심단心丹과 같은 말. 오래오래 수양의 공을 쌓아서 영단을 얻으면 심신의 자유를 얻고 삼계의 대권을 잡아 육도윤회를 초월할 수 있다. 정산종사는 "잘 참기가 어렵나니, 참고 또 참으면 영단靈丹이 모이고, 꾸준히 하기가 어렵나니, 하고 또 하면 심력心力이 쌓이어 매사에 자재함을 얻나니라"-『정산종사법어』「법훈편」42장 고 하여 영단의 위력을 강조했다. (2) 신령스러운 효험이 있는 단약.
- **옛 성인의 말씀** : "사흘의 마음공부는 천년의 보배요, 백년의 탐낸 물건은 하루아침 티끌이라"라는 말씀의 출전을 『대종경 풀이』(류성태,2015,원불교출판사)에서는 『자경문自警文』(고려 야운野雲)으로 밝히고 있습니다.

심신의 자유 | 풀이 |

「불지품」15장 법문과 연결된 법문입니다.

대종사 이어서 말씀하시기를
[그러므로, 옛 성인의 말씀에
"사흘의 마음공부는 천년의 보배요, 백년의 탐낸 물건은 하루아침 티끌이라"
하였건마는 범부는 이러한 이치를 알지 못하므로
자기의 몸만 귀히 알고 마음은 한 번도 찾지 아니하며,
도를 닦는 사람들은 이러한 이치를 알므로 마음을 찾기 위하여 몸을 잊나니라.

바로 앞의 법문에 이어서 보자면
'사흘의 마음공부는 천년의 보배' 라는 말씀은 천상락을 의미하고,
'백년의 탐낸 물건은 하루아침 티끌' 이라는 말씀은 인간락을 의미합니다.
몸의 욕망을 절제하고 마음공부로 천상락을 구하는데 힘쓰라는 말씀입니다.

그런즉, 그대들은 너무나 무상한 모든 유(有)에 집착하지 말고
영원한 천상락을 구하기에 힘을 쓰라.

'유에 집착' 하면 '유' 가 '무' 로 변할 때 허무에 빠져 고통스러워하게 됩니다.
'유' 의 인간락에 편착하지 말고 '무' 의 천상락을 구하라는 말씀입니다.
마음공부로 '유무 초월' 을 할 수 있어야 합니다.
'유' 에도 집착하지 말고 '무' 에도 집착하지 않아야 합니다.

만일 천상락을 오래오래 계속한다면,
결국은 심신의 자유를 얻어서 삼계의 대권을 잡고

만상의 유무와 육도의 윤회를 초월하여

마음공부로 마음의 힘을 얻으면 마음의 자유를 얻게 되고,
마음의 자유를 얻으면 몸의 자유도 얻어, 심신의 자유를 얻게 되어,
삼계(욕계·색계·무색계)를 관통하는 큰 힘, 진리와 하나된 큰 힘을 얻게 됩니다.
결국 유무를 초월하게 되고 윤회도 초월하게 됩니다.
일체 세계와 천만 경계에 자유할 수 있는 마음의 힘을 얻게 된다는 말씀입니다.
부처님의 경지와 법력을 가늠할 수 있는 법문입니다.

육신을 받지 아니하고 영단靈丹만으로 시방세계에 주유할 수도 있고,
금수 곤충의 세계에도 임의로 출입하여 도무지 생사 거래에 걸림이 없으며,
어느 세계에 들어가 색신을 받는다 할지라도 거기에 조금도 물들지 아니하고
길이 낙을 누릴 것이니 이것이 곧 극락이니라.

마음의 힘을 얻은 불보살이 육도 윤회를 초월해서
거래를 자유할 수 있음을 설명해주시는 대목입니다.
범부 중생들의 상상 그 이상의 내용입니다.
대종사님께서 불보살의 한 경지를 보여주십니다.

그러나, 천상락을 길게 받지 못하는 원인은
형상 있는 낙에 욕심이 발하여 물질에 돌아감이니
비록 천상락을 받는 사람이라도 천상락 받을 일은 하지 않고
낙만 받을 욕심이 한 번 발하면 문득 타락하여 심신의 자유를 잃고
순환하는 대자연의 수레바퀴에 끌려서 또다시 육도의 윤회를 면하지 못하나니라.]

육도 윤회를 초월했어도 공부인의 마음이 변하면
또 다시 육도 윤회를 피할 수 없는 이유를 세세하게 설명해주십니다.
'낙만 받을 욕심이 한 번 발하면' 그 욕심이 마음의 자유를 방해하고

결국은 윤회의 수레바퀴에 '끌려' 갈 수밖에 없다고 가르쳐주십니다.
욕심을 놓으면 초월이요 자유이지만,
욕심을 잡으면 윤회의 수레바퀴를 잡는 집착이 됩니다.
욕심에 끌려가면 자유도 끌려가고 맙니다.
마음의 자유가 영원하려면 '불퇴전不退轉'이 되어야 하고
마음공부에 끊임없는 공을 들여야만 합니다.
수레바퀴에 옷깃이 한 번만 스쳐도 '끌려' 들어가는 것과 같은 이치입니다.
'천상락'을 구하는 것보다 '마음의 자유'를 구하는 것이 중요합니다.
'사흘의 마음공부는 천년의 보배'라는 말씀을 명심해야겠습니다.

나의 마음공부

• 나는 어떤 '유(有)'에 집착하나요?

• 나는 '마음의 자유'를 어느 정도나 얻었나요?

• 나는 '심신의 자유'를 어느 정도나 얻었나요?

• 나는 '생사 거래에 걸림이 없는' 정도의 힘을 갖추었나요?

• 나는 '육도 윤회를 초월'할 만한 힘을 갖추기 위해 어떻게 공부하고 있나요?

17

한 사람이 대종사께 뵈옵고 여러 가지로 담화하는 가운데
[전주·이리 사이의 경편철도輕便鐵道는 본래 전라도 각지의 부호들이 주식 출자로 경영하는 것이라, 그들은 언제나 그 경편차를 무료로 이용하고 다닌다.] 하면서 매우 부러워하는 태도를 보이거늘,

대종사 말씀하시기를
[그대는 참으로 가난하도다. 아직 그 차 하나를 그대의 소유로 삼지 못하였는가.]
그 사람이 놀라 여쭙기를
[경편차 하나를 소유하자면 상당한 돈이 있어야 할 것이온데 이 같은 무산자로서 어떻게 그것을 소유할 수 있사오리까.]
대종사 말씀하시기를
[그러므로, 그대를 가난한 사람이라 하였으며, 설사 그대가 경편차 하나를 소유하였다 할지라도 나는 그것으로 그대를 부유한 사람이라고는 아니할 것이니, 이제 나의 살림하는 이야기를 좀 들어보라. 나는 저 전주 경편차뿐 아니라 나라 안의 차와 세계의 모든 차까지도 다 내 것을 삼은 지가 벌써 오래되었노니, 그대는 이 소식을 아직도 모르는가.]
그 사람이 더욱 놀라 사뢰기를
[그 말씀은 실로 요량 밖의 교훈이시므로 어리석은 소견으로는 그 뜻을 살피지 못하겠나이다.]

대종사 말씀하시기를
[사람이 기차 하나를 자기의 소유로 하려면 거액巨額의 자금이 일시에 들어야 할 것이요, 운영하는 모든 책임을 직접 담당하여 많은 괴로움을 받아야 할 것이나, 나의 소유하는 법은 그와 달라서 단번에 거액을 들이지도 아니하며, 모든 운영의 책임을 직접 지지도 아니하고, 다만 어디를 가게 되면 그 때마다 얼마씩의 요금만 지불하고 나의 마음대로 이용하는 것이니, 주야로 쉬지 않고 우리 차를 운전하며, 우리 철도를 수선하며, 우리 사무를 관리하여 주는 모든 우리 일꾼들의 급료와 비용이 너무 싸지 아니한가.

또, 나는 저번에 서울에 가서 한양 공원에 올라가 산책하면서 맑은 공기를 한 없이 호흡도 하고 온 공원의 흥취를 다 같이 즐기기도 하였으되, 누가 우리를 가라는 법도 없고 다시 오지 말라는 말도 아니하였나니, 피서 지대에 정자 몇 간만 두어도 매년 적지 않은 수호비가 들 것인데, 우리는 그러지 아니하고도 그 좋은 공원을 충분히 내 것으로 이용하지 아니 하였는가.

대저, 세상 사람이 무엇이나 제 것을 삼으려는 본의는 다 자기의 편리를 취함이어늘 기차나 공원을 모두 다 이와같이 이용할 대로 이용하였으니 어떻게 소유한들 이 위에 더 나은 방법이 있겠는가.

그러므로, 나는 이것을 모두 다 내 것이라고 하였으며, 그뿐 아니라 세상의 모든 것과 그 모든 것을 싣고 있는 대지 강산까지도 다 내 것을 삼아 두고, 경우에 따라 그것을 이용하되 경위에만 어긋나지 않게 하면 아무도 금하고 말리지 못하나니, 이 얼마나 너른 살림인가.

그러나, 속세 범상한 사람들은 기국器局이 좁아서 무엇이나 기어이 그것을 자기 앞에 갖다 놓기로만 위주하여 공연히 일 많고 걱정되고 책임 무거울 것을 취하기에 급급하나니, 이는 참으로 국한 없이 큰 본가 살림을 발견하지 못한 연고니라.]

『대종경』「불지품」17장

- **경편철도 輕便鐵道**: 궤도의 간격이 표준치인 1,435㎜보다 좁고, 소형의 기관차나 차량을 사용하여 운행되는 철도. 건설비나 운행비가 적게 들지만 속도가 느리고 안전도도 높지 못하다. 교통량이 적은 지방철도로 사용했으나 오늘날은 거의 사용되지 아니한다. 일제강점기 전주·이리(익산) 사이에 이 철도가 가설되어 있었다.

참으로 국한 없이 큰 본가 살림 　| 풀이 |

한 사람이 대종사께 뵈옵고 여러 가지로 담화하는 가운데
[전주·이리 사이의 경편철도輕便鐵道는 본래 전라도 각지의 부호들이 주식 출자로 경영하는 것이라, 그들은 언제나 그 경편차를 무료로 이용하고 다닌다.] 하면서 매우 부러워하는 태도를 보이거늘,

부와 권력 등에 대한 동경은 인지상정이라고 할 수 있습니다.
그것들이 사람의 욕망을 쉽게 충족시켜주고 편리함을 주기 때문일 것입니다.
철도를 무료로 이용하는 부호들을 부러워하는 사람과 대종사님의 대화가 이어집니다.

대종사 말씀하시기를
[그대는 참으로 가난하도다. 아직 그 차 하나를 그대의 소유로 삼지 못하였는가.]
그 사람이 놀라 여쭙기를

대종사님은 부러워하는 그 사람의 마음이 가난하다고 보셨습니다.

[경편차 하나를 소유하자면 상당한 돈이 있어야 할 것이온데 이 같은 무산자로서 어떻게 그것을 소유할 수 있사오리까.]

그 사람은 물질적 소유를 말하고 있습니다.

대종사 말씀하시기를
[그러므로, 그대를 가난한 사람이라 하였으며, 설사 그대가 경편차 하나를 소유하였다 할지라도 나는 그것으로 그대를 부유한 사람이라고는 아니할 것이니, 이제 나의 살림하는 이야기를 좀 들어보라. 나는 저 전주 경편차뿐 아니라 나라 안의 차와 세계의 모든 차까지도 다 내 것을 삼은 지가 벌써 오래되었노니, 그대는 이 소식을 아직도 모르는가.]

그 사람이 더욱 놀라 사뢰기를
[그 말씀은 실로 요량 밖의 교훈이시므로 어리석은 소견으로는 그 뜻을 살피지 못하겠나이다.]

듣는 사람의 궁금증을 자아내는 화법으로 가르침을 펴십니다.
참으로 '부유한 사람'이 되는 마음가짐, 삶의 태도를 설파하시기 시작합니다.
세상을 한 집안 삼는 부처님의 살림살이에 대한 새로운 소식입니다.

대종사 말씀하시기를
[사람이 기차 하나를 자기의 소유로 하려면 거액巨額의 자금이 일시에 들어야 할 것이요, 운영하는 모든 책임을 직접 담당하여 많은 괴로움을 받아야 할 것이나, 나의 소유하는 법은 그와 달라서 단번에 거액을 들이지도 아니하며, 모든 운영의 책임을 직접 지지도 아니하고, 다만 어디를 가게 되면 그 때마다 얼마씩의 요금만 지불하고 나의 마음대로 이용하는 것이니, 주야로 쉬지 않고 우리 차를 운전하며, 우리 철도를 수선하며, 우리 사무를 관리하여 주는 모든 우리 일꾼들의 급료와 비용이 너무 싸지 아니한가.

개인의 소유 대신에 공공의 소유, '공용', '공유'를 대안으로 제시하십니다.
'소유'의 목적이나 본질에 대한 의문과 대답이 동시에 담긴 법문입니다.

또, 나는 저번에 서울에 가서 한양 공원에 올라가 산책하면서 맑은 공기를 한 없이 호흡도 하고 온 공원의 흥취를 다 같이 즐기기도 하였으되, 누가 우리를 가라는 법도 없고 다시 오지 말라는 말도 아니하였나니, 피서 지대에 정자 몇 간만 두어도 매년 적지 않은 수호비가 들 것인데, 우리는 그러지 아니하고도 그 좋은 공원을 충분히 내 것으로 이용하지 아니 하였는가.

'경편철도' 무료 이용에서 시작된 법문의 예화가 '한양 공원'으로 넓혀집니다.
소유의 대상은 달라도 대종사님께서 권하는 소유의 방식은 동일합니다.
무소유의 소유, 모든 사람들의 공동소유를 설하십니다.

대저, 세상 사람이 무엇이나 제 것을 삼으려는 본의는 다 자기의 편리를 취함이어늘 기차나 공원을 모두 다 이와같이 이용할 대로 이용하였으니 어떻게 소유한들 이 위에 더 나은 방법이 있겠는가.

그러므로, 나는 이것을 모두 다 내 것이라고 하였으며, 그뿐 아니라 세상의 모든 것과 그 모든 것을 싣고 있는 대지 강산까지도 다 내 것을 삼아 두고, 경우에 따라 그것을 이용하되 경위에만 어긋나지 않게 하면 아무도 금하고 말리지 못하나니, 이 얼마나 너른 살림인가.

'내 것'이란 무엇인가에 대한 본질적인 질문과 응답을 하십니다.
'공유'하는 것이 최상의 방법이라고, 가장 '너른 살림'이라고 말씀하십니다.
여러 사람의 소유인 '공유共有'는 공변된 소유인 '공유公有'와 상통합니다.

그러나, 속세 범상한 사람들은 기국器局이 좁아서 무엇이나 기어이 그것을 자기 앞에 갖다 놓기로만 위주하여 공연히 일 많고 걱정되고 책임 무거울 것을 취하기에 급급하나니, 이는 참으로 국한 없이 큰 본가살림을 발견하지 못한 연고니라.]

대종사님의 '은恩' 사상은 우주 만물 모든 존재들을 서로 '없어서는 살 수 없는' 관계, 개별적 존재가 아니라 상호의존적 관계로 파악합니다.
'사私'가 아니라 '공公'석 존재로 보는 것입니다.
우주 만유라는 대상을 인식하는 주체인 개인도 마찬가지입니다.
진리를 깨달으면 '무아無我'가 된다고 보았습니다.
따라서 '무아봉공無我奉公'을 매우 중요한 삶의 원리로 제시하십니다.

『정전』「사대강령」에서
"무아봉공은 개인이나 자기 가족만을 위하려는 사상과 자유 방종하는 행동을 버리고, 오직 이타적 대승행으로써 일체 중생을 제도하는 데 성심성의를 다 하자는 것이니라."
라고 말씀하신 것도 곧 '공公'을 중시한 것입니다.

대종사님의 '소유관'은 진리에 대한 깨달음에서 비롯되었다고 할 수 있습니다.
『정전』「일원상 법어」에서
"이 원상圓相의 진리를 각覺하면 시방 삼계가 다 오가吾家의 소유인 줄을 알며"라고 하셨듯이, 사적 소유라는 것이 무의미해지는 경지입니다.

본 법문도 이런 경지와 관점에서 설하신 것입니다.
이런 경지를 불지佛地라고 할 수 있습니다.
'참으로 국한 없이 큰 본가 살림'을 발견한 것이 깨달음이라면
'참으로 국한 없이 큰 본가 살림'을 해나가는 것이 부처님의 삶일 것입니다.
이것을 발견하면 소유의 방식과 삶의 방식이 변화할 수밖에 없습니다.

사적 소유의 폐해가 막심한 현대 문명에서 참 문명 세계로 진화하기 위해서는
소유의 본질과 방법에 대한 깊은 통찰과 지혜가 필요합니다.

나의 마음공부

• 나는 무엇을 내 소유로 삼기 위해 노력하고 있나요?

• 남은 생에 내 소유로 삼을 것은 무엇인가요?

• 나는 '국한 없이 큰 본가 살림'을 발견했나요?

• 나는 '국한 없이 큰 본가 살림'을 어떻게 할 계획인가요?

대종사 동선 해제를 마치시고 제자 몇 사람으로 더불어
걸어서 봉서사鳳棲寺에 가시더니, 도중에 한 제자가 탄식하여 말하기를
[우리는 돈이 없어서 대종사를 도보로 모시게 되었으니 어찌 한스럽지 아니하리요.]
하는지라,

대종사 들으시고 말씀하시기를
[사람이 누구나 이 세상에 출신하여 자기의 육근을 잘 이용하면
그에 따라 모든 법이 화하게 되며, 돈도 그 가운데서 벌어지나니,
그러므로 각자의 심신은 곧 돈을 버는 기관이요,
이 세상 모든 것은 곧 이용하기에 따라 다 돈이 될 수 있는 것이니
어찌 돈이 없다고 한탄만 하리요.
그러나, 우리 수도인에 있어서는 돈에 마음을 끌리지 아니하고
돈이 있으면 있는 대로 없으면 없는 대로 안심하면서
그 생활을 개척하여 나가는 것이 그 본분이며 그 사람이 참으로 부유한 사람이니라.]

『대종경』「불지품」18장

- 봉서사鳳棲寺 : 전북 완주군 용진면 간중리 산 2번지에 위치한 절. 산명은 서방산西方山. 대한불교조계종 제17교구 본사인 금산사의 말사이다. 727년 창건되었는데, 고려말 나옹懶翁선사가 중창한 뒤 부서진 것을 진묵震默조사가 재건하여 주석했다. 소태산 대종사가 행가했었다.

참으로 부유한 사람 | 풀이 |

대종사 동선 해제를 마치시고 제자 몇 사람으로 더불어
걸어서 봉서사鳳棲寺에 가시더니, 도중에 한 제자가 탄식하여 말하기를
[우리는 돈이 없어서 대종사를 도보로 모시게 되었으니 어찌 한스럽지 아니하리요.]
하는지라,

'돈이 없'는 초창기 교단의 가난한 살림을 엿볼 수 있는 법문입니다.
스승님을 편하게 모시고 싶은 제자의 마음도 느낄 수 있습니다.

대종사 들으시고 말씀하시기를
[사람이 누구나 이 세상에 출신하여 자기의 육근을 잘 이용하면
그에 따라 모든 법이 화하게 되며, 돈도 그 가운데서 벌어지나니,
그러므로 각자의 심신은 곧 돈을 버는 기관이요,
이 세상 모든 것은 곧 이용하기에 따라 다 돈이 될 수 있는 것이니
어찌 돈이 없다고 한탄만 하리요.

소태산 대종사님은 돈이 없는 현실에 위축되지 않습니다.
'각자의 심신'과 '이 세상 모든 것'을 잘 이용하면 돈을 벌 수 있다고 말씀하십니다.
매우 원리적인 말씀인데 '돈을 벌려고 하면 벌 수 있다'는 자신감도 엿보입니다.
실제로 숯장사나 영산 방언공사를 비롯한 다양한 사업을 통해 돈을 벌어
교단 창립의 물적 토대를 마련하신 행적은 이 말씀을 뒷받침합니다.

그러나, 우리 수도인에 있어서는 돈에 마음을 끌리지 아니하고
돈이 있으면 있는 대로 없으면 없는 대로 안심하면서
그 생활을 개척하여 나가는 것이 그 본분이며 그 사람이 참으로 부유한 사람이니라.]

불지품

돈을 벌 수 있으니 돈을 벌자는 말씀이 아닙니다.
'수도인'으로서의 본분을 잊지 말고 돈에 대한 적절한 태도를 갖자는 말씀입니다.
우선순위의 첫째가 '수도'인 것입니다.
우선 '돈에 마음을 끌리지 아니 하'라고 당부하십니다.
그리고 '돈이 있으면 있는 대로 없으면 없는 대로 안심'하라고 하십니다.
돈에 대한 초월적 태도를 권유하십니다.
그 다음엔 '안심'에 바탕해서 필요하다면 '생활을 개척'하자고 하십니다.
대종사님의 일생이 이 말씀과 같았습니다.
아무리 가난하고 어려운 상황에서도 흔들림 없이 수도에 전념하면서
자력적으로 경제적 자립을 이뤄나가는 개척의 역사를 쓰셨습니다.
'참으로 부유한 사람'이 누군지를 알려주십니다.
천만 경계, 모든 환경을 선용하라는 대종사님의 지론과 같은 법문입니다.

나의 마음공부

• 나는 돈이 없을 때 마음이 어떤가요?

• 나는 돈이 없을 때 어떻게 대응하나요?

• '돈이 있으면 있는 대로 없으면 없는 대로 안심'할 수 있나요?

• 공부인, 수도인으로서 나는 어떻게 '생활을 개척'해야 할까요?

• 공부인, 수도인으로서 나는 돈을 얼마나 가져야 할까요?

19

한 제자 사뢰기를
[방금 서울에서 큰 박람회博覽會를 개최 중이라 하오니
한 번 관람하고 오심이 어떠하오리까.]

대종사 말씀하시기를
[박람회는 곧 과거와 현재를 비교하여 사·농·공·상의 진보된 정도를 알리는 것이요, 또는 견문을 소통하여 민지의 발달에 도움이 되게 하는 것이니, 참다운 뜻을 가지고 본다면 거기에서도 물론 소득이 많을 것이나, 나는 오늘 그대에게 참으로 큰 박람회 하나를 일러 주리니 잘 들어보라.

무릇, 이 박람회는 한없이 넓고 커서 동서남북 사유四維 상하가 다 그 회장이요, 천지 만물 그 가운데 한 가지도 출품되지 않은 것이 없으며, 개회 기간도 몇억만 년이든지 항상 여여하나니, 이에 비하면 그대의 말한 바 저 서울의 박람회는 한 터럭끝만도 못 한 것이라 거기에서 아무리 모든 물품을 구비 진열한다 할지라도, 여기서 보는 저 배산이나 황등 호수는 옮겨다 놓지 못할 것이요, 세계에 유명한 금강산은 출품하지 못하였을 것이며, 또는 박물관에는 여러 가지 고물을 구하여다 놓았다고 하나 고물 가운데 가장 고물인 이 산하대지를 출품하지는 못하였을 것이요, 수족관에는 몇 가지의 어류를 잡아다 놓았고 미곡관에는 몇 가지의 쌀을 실어다 놓았다하나 그것은 오대양의 많은 수족 가운데 억만 분의 일도 되지 못할 것이며 육대주의 많은 쌀 가운데 태산의 한 모래도 되지 못할 것이요, 모든 출품이 모두 이러한 비례로 될 것이니, 큰 지견과 너른 안목으로 인조의 그 박람회를 생각할 때에 어찌 옹졸하고 조작스러움을 느끼지 아니하리요.

그러므로, 이 큰 박람회를 발견하여 항상 이와 같은 도량으로 무궁한 박람회를 구경하는 사람은 늘 무궁한 소득이 있을 것이니, 보는 대로 얻을 것이요 듣는 대로 얻을 것이라, 그러므로 예로부터 지금까지 모든 부처와 성현들은 다 이 무궁한 박람회를 보아서 이 회장에 진열된 대소 유무의 모든 이치를 본받아 인간의 시비 이해를 지어 나가시므로 조금도 군색함이 없었나니라.]

『대종경』「불지품」19장

- **박람회** 博覽會 : 생산물의 개량·발전 및 산업의 진흥을 꾀하기 위하여 농업, 상업, 공업 따위에 관한 온갖 물품을 모아 벌여 놓고 판매, 선전, 우열 심사를 하는 전람회.

참으로 큰 박람회 | 풀이 |

한 제자 사뢰기를
[방금 서울에서 큰 박람회博覽會를 개최 중이라 하오니
한 번 관람하고 오심이 어떠하오리까.]

제자가 대종사님에게 박람회 관람을 권유합니다.

대종사 말씀하시기를
[박람회는 곧 과거와 현재를 비교하여 사·농·공·상의 진보된 정도를 알리는 것이요, 또는 견문을 소통하여 민지의 발달에 도움이 되게 하는 것이니, 참다운 뜻을 가지고 본다면 거기에서도 물론 소득이 많을 것이나, 나는 오늘 그대에게 참으로 큰 박람회 하나를 일러 주리니 잘 들어보라.

대종사님께서는 박람회 관람보다는 '참으로 큰 박람회'를 주제로 법문을 하십니다.

무릇, 이 박람회는 한 없이 넓고 커서 동서남북 사유四維 상하가 다 그 회장이요, 천지 만물 그 가운데 한 가지도 출품되지 않은 것이 없으며, 개회 기간도 몇억만 년이든지 항상 여여하나니, 이에 비하면 그대의 말한 바 저 서울의 박람회는 한 터럭끝만도 못 한 것이라 거기에서 아무리 모든 물품을 구비 진열한다 할지라도, 여기서 보는 저 배산이나 황등 호수는 옮겨다 놓지 못할 것이요, 세계에 유명한 금강산은 출품하지 못하였을 것이며, 또는 박물관에는 여러 가지 고물을 구하여다 놓았다고 하나 고물 가운데 가장 고물인 이 산하 대지를 출품하지는 못하였을 것이요, 수족관에는 몇 가지의 어류를 잡아다 놓았고 미곡관에는 몇 가지의 쌀을 실어다 놓았다 하나 그것은 오대양의 많은 수족 가운데 억만 분의 일도 되지 못할 것이며 육대주의 많은 쌀 가운데 태산의 한 모래도 되지 못할 것이요, 모든 출품이 모두 이러한 비례로 될 것이니, 큰 지견과 너른 안목으로 인조의 그 박람회를 생각할 때에 어찌 옹졸하고 조작스러움을 느끼지 아니하리요.

사람이 인위적으로 만든 '인조의 박람회' 보다는
천지 만물 산하 대지 그 자체를 '참으로 큰 박람회'라고 부연하십니다.
'인조의 박람회'에 눈이 팔려서 '참으로 큰 박람회'를 보지 못할까
걱정이 되셨나 봅니다.

그러므로, 이 큰 박람회를 발견하여 항상 이와 같은 도량으로 무궁한 박람회를 구경하는 사람은 늘 무궁한 소득이 있을 것이니, 보는 대로 얻을 것이요 듣는 대로 얻을 것이라, 그러므로 예로부터 지금까지 모든 부처와 성현들은 다 이 무궁한 박람회를 보아서 이 회장에 진열된 대소 유무의 모든 이치를 본받아 인간의 시비 이해를 지어 나가시므로 조금도 군색함이 없었나니라.]

이 세상 그대로가 '참으로 큰 박람회'이며 '무궁한 박람회'라고 하십니다.
그리고 이 진짜 박람회를 제대로 봐야
'대소유무의 모든 이치'를 발견할 수 있다고 설하십니다.
그래야 그 '이치를 본받아 인간의 시비이해를 지어나갈' 수 있다고 하십니다.
박람회를 보는 목적을 드러내신 것입니다.

제자가 대종사님에게 박람회 관람을 제안했지만,
대종사님은 제자들에게 '참으로 큰 박람회'를 관람할 것을 권유한 셈입니다.
그리고 그 안에 전시된 '대소유무의 이치'를 반드시 봐야한다고 하시고
그래야 '인간의 시비이해'를 건설할 수 있다고 관람의 목적을 말씀하십니다.

'인조의 박람회'가 아니라 '참으로 큰 박람회', '무궁한 박람회'를
늘 보고 계신 부처님의 경지를 알 수 있는 법문입니다.
이 세상을 넓게 보고 깊게 보아 진리를 깨닫고 진리를 활용해야겠습니다.

무엇을 보느냐도 중요하지만 누가 어떻게 보느냐가 더 중요합니다.
부처님의 눈으로 세상을 보는 훈련을 해야겠습니다.

불지품

나의 마음공부

• 나는 세상에서 주로 무엇을 보고 있나요?

• 나는 '참으로 큰 박람회'를 관람하고 있나요?

- 나는 큰 박람회에서 '대소유무의 이치'를 발견했나요

- 나는 '대소유무의 이치'를 발견해서 '시비이해를 지어 나가'고 있나요?

대종사 하루는 조송광과 전음광을 데리시고 교외 남중리에 산책하시는데
길가의 큰 소나무 몇 주가 심히 아름다운지라 송광이 말하기를
[참으로 아름다와라, 이 솔이여! 우리 교당으로 옮기었으면 좋겠도다.] 하거늘
대종사 들으시고 말씀하시기를
[그대는 어찌 좁은 생각과 작은 자리를 뛰어나지 못하였는가.
교당이 이 노송을 떠나지 아니하고 이 노송이 교당을 떠나지 아니하여
노송과 교당이 모두 우리 울안에 있거늘
기어이 옮겨놓고 보아야만 할 것이 무엇이리요.
그것은 그대가 아직 차별과 간격을 초월하여
큰 우주의 본가를 발견하지 못한 연고니라.]

송광이 여쭙기를
[큰 우주의 본가는 어떠한 곳이오니까.]
대종사 말씀하시기를
[그대가 지금 보아도 알지 못하므로 내 이제 그 형상을 가정하여 보이리라.] 하시고,

땅에 일원상을 그려 보이시며 말씀하시기를
[이것이 곧 큰 우주의 본가이니
이 가운데에는 무궁한 묘리와 무궁한 보물과 무궁한 조화가
하나도 빠짐없이 갖추어 있나니라.]
음광이 여쭙기를
[어찌하면 그 집에 찾아 들어 그 집의 주인이 되겠나이까.]
대종사 말씀하시기를
[삼대력의 열쇠를 얻어야 들어갈 것이요,
그 열쇠는 신·분·의·성으로써 조성하나니라.]

『대종경』「불지품」 20장

• **본가本家** : 따로 세간을 나기 이전의 집. 본래 살던 집. 잠시 따로 나와 사는 사람이, 가족들이 사는 중심이 되는 집을 가리키는 말. 여자의 친정집.

우주의 본가本家 | 풀이 |

대종사 하루는 조송광과 전음광을 데리시고 교외 남중리에 산책하시는데
길가의 큰 소나무 몇 주가 심히 아름다운지라 송광이 말하기를
[참으로 아름다와라, 이 솔이여! 우리 교당으로 옮기었으면 좋겠도다.] 하거늘

아름다운 소나무를 본 제자가 그 나무를 교당으로 옮기고 싶어 합니다.
제자의 마음을 초창기 교단을 위하는 일종의 공심公心으로 볼 수 있습니다만
소태산 대종사님의 평가는 다릅니다.

대종사 들으시고 말씀하시기를
[그대는 어찌 좁은 생각과 작은 자리를 뛰어나지 못하였는가.
교당이 이 노송을 떠나지 아니하고 이 노송이 교당을 떠나지 아니하여
노송과 교당이 모두 우리 울안에 있거늘
기어이 옮겨놓고 보아야만 할 것이 무엇이리요.
그것은 그대가 아직 차별과 간격을 초월하여
큰 우주의 본가를 발견하지 못한 연고니라.]

아름다운 노송을 교당 울 안으로 '기어이 옮겨' 놓는 것을
'작은 자리' 에서 벗어나지 못한 '좁은 생각' 이라고 나무라십니다.
'차별과 간격을 초월하여 큰 우주의 본가를 발견' 하라고 설하십니다.

좋다, 나쁘다, 내 것, 네 것, 내 곁에 두고 보고 싶다…
이런 생각들이 모두 '좁은 생각' 을 하게 하는 '차별' 과 '간격' 일 것입니다.

송광이 여쭙기를
[큰 우주의 본가는 어떠한 곳이오니까.]

대종사님은 '본本'자를 즐겨 사용하십니다.
'우주만유의 본원本源', '일체 중생의 본성本性' - 『정전』「교리도」,
'대라 함은 우주만유의 본체本體를 이름이요' - 『정전』「삼학」'사리연구'
'세계의 모든 종교도 그 근본根本되는 원리는 본래 하나' - 『정전』「교법의 총설」
여기서도 '본가本家'를 말씀하십니다.
본가란 사전적 해석보다는 일종의 '종가', '가장 큰 집'이라고 봐도 되겠습니다.
'본'이란 '근본'을 의미합니다.
근본은 변하지 않고 가장 기본이 되고 표준이 됩니다.
'우주의 본가'란 '우주만유의 본원'이라고 할 수 있습니다.
'본가'가 '본원'보다는 훨씬 더 정감 있는 표현입니다.
마치 마음의 고향, 자신이 태어난 곳, 늘 우리를 푸근히 감싸주는 곳으로 느껴집니다.
대종사와 제자의 대화가 처음에는 소나무로 시작해서
이제는 매우 성리적이고 철학적인 대화로 옮겨가고 있습니다.

대종사 말씀하시기를
[그대가 지금 보아도 알지 못하므로 내 이제 그 형상을 가정하여 보이리라.] 하시고,

우주의 본가가 멀리 있지 않고 물리적으로 따로 존재하는 것이 아닌데
진리를 깨닫지 못한 제자가 어디 있느냐고 물어오니
'그대가 지금 보아도 알지 못하므로'라고 말씀하십니다.

땅에 일원상을 그려 보이시며 말씀하시기를
[이것이 곧 큰 우주의 본가이니
이 가운데에는 무궁한 묘리와 무궁한 보물과 무궁한 조화가
하나도 빠짐없이 갖추어 있나니라.]

아는 바와 같이 원불교의 일원상一圓相은 신앙의 대상이요 수행의 표본입니다.
우주의 진리를 원불교적 상징으로 표현한 것입니다.
그래서 일원상은 통상의 동그라미 도형(○)의 의미를 넘어서는 종교적 상징입니다.

대종사님은 '지금 보아도 알지 못하'는 제자를 위해 땅바닥에 일원상을 그립니다.
그것이 바로 '우주의 본가' 라고 설하십니다.
그리고 '이 가운데에는 무궁한 묘리와 무궁한 보물과 무궁한 조화가
하나도 빠짐없이 갖추어 있나니라.' 라고 설하십니다.

대종사님은 '일원상의 내역을 말하자면 곧 사은이요, 사은의 내역을 말하자면 곧
우주 만유로서 천지 만물 허공 법계가 다 부처 아님이 없나니'-『대종경』「교의품」4장 라고
밝혀주신 바 있습니다.
'일원상'은 곧 '우주만유'이고 그 안에는
'무궁한 묘리, 무궁한 보물, 무궁한 조화'가 가득 차 있다고 알려주십니다.

육안으로 우주 만유의 일부만을 보는 사람은
일원상으로 그려진 우주 만유를 보지 못하고, '우주의 본가'를 못 본 사람입니다.
'무궁한 묘리와 무궁한 보물과 무궁한 조화가 하나도 빠짐없이 갖추어 있'음을
깨달은 사람만이 비로소 '우주의 본가'를 볼 수 있습니다.
'우주의 본가'를 발견해야 비로소 온전히 우주만유를 볼 수 있는 것입니다.
이 '우주의 본가'를 발견해야 '차별과 간격을 초월'할 수 있습니다.
차별과 간격이 무의미한 큰 세계를 발견했기 때문입니다.
'이 원상圓相의 진리를 각覺하면 시방 삼계가 다 오가吾家의 소유인 줄을 알며,
또는 우주 만물이 이름은 각각 다르나 둘이 아닌 줄을 알'-『정전』「일원상 법어」기 때문입니다.
나와 너, 내 것과 네 것, 좋다 나쁘다의 차별과 간격이 사라져버리는 경지입니다.

교리적으로 덧붙이자면,
'무궁한 묘리'는 '인과보응의 이치'를 의미하고,

'무궁한 보물'은 '사은(천지은, 부모은, 동포은, 법률은)'을 의미하고,
'무궁한 조화'는 '진공묘유의 조화', '유무의 변화' 등을 의미한다고 볼 수 있습니다.

음광이 여쭙기를
[어찌하면 그 집에 찾아 들어 그 집의 주인이 되겠나이까.]
대종사 말씀하시기를
[삼대력의 열쇠를 얻어야 들어갈 것이요,
그 열쇠는 신·분·의·성으로써 조성하나니라.]

대종사님께서 '본가'로 설명을 하시니 제자도 '그 집'에 들어가는 방법을 질문합니다.
'그 집'은 '지금 보아도 알지 못하'는 진리를 비유합니다.
이 진리의 집, 진리의 세계로 들어가려면 수행의 강령인 삼학 팔조가 필수입니다.
수행하는 수밖에 없다는 말씀입니다.
삼학 병진으로 마음의 힘을 길러야 그 집 문을 열고 들어갈 수 있다는 말씀입니다.
이 또한 인과보응의 이치입니다.
본가의 문을 삼대력, 즉 마음의 열쇠로 열고 들어가야
'무궁한 묘리와 무궁한 보물과 무궁한 조화'를 마음껏 누릴 수 있을 것입니다.
삼학 팔조의 공부만이 답입니다.

나의 마음공부

• 나는 '좁은 생각과 작은 자리'를 얼마나 뛰어넘었나요?

• 나는 '차별과 간격'을 얼마나 초월했나요?

• 나는 '우주의 본가'를 발견했나요?

• 나는 '우주의 본가'에 들어가 '무궁한 묘리, 무궁한 보물, 무궁한 조화'를 얼마나 활용하고 있나요?

목사 한 사람이 와서 뵈옵거늘 대종사 말씀하시기를
[귀하가 여기에 찾아오심은 무슨 뜻인가.]
목사 말하기를
[좋은 법훈을 얻어들을까 함이로소이다.]
대종사 말씀하시기를
[그러면 귀하가 능히 예수교의 국한을 벗어나서 광활한 천지를 구경하였는가.]
목사 여쭙기를
[그 광활한 천지가 어느 곳이오니까.]
대종사 말씀하시기를
[한 번 마음을 옮기어 널리 살피는 데에 있나니,
널리 살피지 못하는 사람은 항상 저의 하는 일에만 고집하며
저의 집 풍속에만 성습되어 다른 일은 비방하고 다른 집 풍속은 배척하므로
각각 그 규모와 구습을 벗어나지 못하고 드디어 한편에 떨어져서
그 간격이 은산철벽銀山鐵壁같이 되나니,

나라와 나라 사이나 교회와 교회 사이나 개인과 개인 사이에
서로 반목하고 투쟁하는 것이 다 이에 원인함이라,
어찌 본래의 원만한 큰 살림을 편벽되이 가르며,
무량한 큰 법을 조각조각으로 나누리요.
우리는 하루속히 이 간격을 타파하고 모든 살림을 융통하여
원만하고 활발한 새 생활을 전개하여야 할 것이니
그러한다면 이 세상에는 한 가지도 버릴 것이 없나니라.]

『대종경』「불지품」21장

- **은산철벽 銀山鐵壁** : ⑴주장이 너무 강하여 아무리 설득해도 결코 굽히지 않는 고집이나 그런 사람을 비유하여 가리키는 말. ⑵선가禪家에서는 화두를 들 때는 어떤 분별도 들어설 여지가 없어야 한다고 한다. 마치 은산철벽 앞에 선 것과 같이 어떻게 해볼 수단도 전혀 없는 경계까지 가야 비로소 선어禪語로서의 화두가 그 효용을 발휘한다는 것이다. 그래서 고봉스님은 『선요禪要』에서 "바로 이러할 때는 은산과 철벽을 마주한 것과 같아서 앞으로 나아가자니 문이 없고 물러서면 길을 잃어버리게 된다"고 했다.
⑶신심과 서원이 두텁고 철저한 것을 높은 산과 튼튼한 벽에 비유하는 말. 은과 철은 뚫기 어렵고 산과 벽은 오르기가 어렵듯이, 어떠한 유혹이나 경계에도 흔들리지 않고 물러서지 않을 신심과 서원을 나타낼 때 사용한다.
- **광활하다 廣闊하다** : 막힌 데가 없이 트이고 넓다.

국한을 벗어나서 광활한 천지 | 풀이 |

목사 한 사람이 와서 뵈옵거늘 대종사 말씀하시기를
[귀하가 여기에 찾아오심은 무슨 뜻인가.]
목사 말하기를
[좋은 법훈을 얻어들을까 함이로소이다.]

소태산 대종사님과 한 목사와의 문답입니다.

대종사 말씀하시기를
[그러면 귀하가 능히 예수교의 국한을 벗어나서 광활한 천지를 구경하였는가.]

'예수교'라는 '국한'을 벗어나서 '광활한 천지'라는
우주 만유의 실상을 알고 있냐는 물음으로 볼 수 있습니다.

목사 여쭙기를
[그 광활한 천지가 어느 곳이오니까.]
대종사 말씀하시기를
[한 번 마음을 옮기어 널리 살피는 데에 있나니,

평소 종교계의 편협한 행태에 대한 안타까움이 담긴 법문입니다.
목사가 속한 예수교에 대한 이야기일 수도 있습니다.
'광활한 천지'를 보려거든 '마음을 옮기어 널리 살피'라고 하십니다.
마음이 어딘가에 주착(住着)되거나 편착(偏着)되어 있다면 널리 살펴볼 수가 없습니다.
일단 마음을 주착되지 않고 자유롭게 해서 원만한 마음과 시야를 확보해야 합니다.
한 곳만 뚫어지게 봐서는 '널리' 볼 수 없습니다.

예수교나, 불교나, 원불교나 마찬가지입니다.
어느 종교에 속해 있어도 '마음을 옮기어 널리 살피'는 능력이 있어야 합니다.
사실 모든 진리적 종교는 그 신자들이 그 종교의 가르침을 통해서
'광활한 천지'를 볼 수 있도록 만들어졌다고 봐야 합니다.
성인들과 부처님들의 본의는 다르지 않습니다.

널리 살피지 못하는 사람은 항상 저의 하는 일에만 고집하며
저의 집 풍속에만 성습되어 다른 일은 비방하고 다른 집 풍속은 배척하므로
각각 그 규모와 구습을 벗어나지 못하고 드디어 한편에 떨어져서
그 간격이 은산철벽銀山鐵壁같이 되나니,

반대로 '마음을 옮기어 널리 살피지 못하는 사람은'
자기 일, 풍속, 규모, 구습에 편착하여 거기서 '벗어나지' 못하고
'한편에 떨어' 지니 두 편 사이의 '간격'이 은산철벽과 같이 강고해진다고 설하십니다.
간격間隔이란 둘 사이가 벌어짐을 의미합니다.
분별分別과 주착住着이 간격間隔으로, 간격이 경계境界로 된다고 할 수 있습니다.
서로가 서로에게 극복하기 힘든 경계가 되곤 합니다.
서로의 다름이 결국 '비방'과 '배척'으로 옮겨가기 전에
'마음을 옮기어 널리 살피는' 지혜를 발휘해야 합니다.

나라와 나라 사이나 교회와 교회 사이나 개인과 개인 사이에
서로 반목하고 투쟁하는 것이 다 이에 원인함이라,
어찌 본래의 원만한 큰 살림을 편벽되이 가르며,
무량한 큰 법을 조각조각으로 나누리요.

자기 일이나 문화에 집착해서는 '한편에 떨어져'
'비방'과 '배척'이 '반목'과 '투쟁'으로 이어지기도 합니다.
'본래의 원만한 큰 살림'을 하지 못하게 되고 맙니다.

불지품

대종사님께서 『정전』「교법의 총설」에서
"세계의 모든 종교도 그 근본되는 원리는 본래 하나이나, 교문을 별립하여 오랫동안 제도와 방편을 달리하여 온 만큼 교파들 사이에 서로 융통을 보지 못한 일이 없지 아니하였나니, 이는 다 모든 종교와 종파의 근본 원리를 알지 못하는 소치라 이 어찌 제불 제성의 본의시리요."라고 설하신 바와 같습니다.

우리는 하루속히 이 간격을 타파하고 모든 살림을 융통하여
원만하고 활발한 새 생활을 전개하여야 할 것이니
그러한다면 이 세상에는 한 가지도 버릴 것이 없나니라.]

『정전』「교법의 총설」에서
"그러므로, 우리는 우주 만유의 본원이요, 제불제성의 심인(心印)인 법신불 일원상을 신앙의 대상과 수행의 표본으로 모시고, 천지·부모·동포·법률의 사은(四恩)과 수양·연구·취사의 삼학(三學)으로써 신앙과 수행의 강령을 정하였으며, 모든 종교의 교지(敎旨)도 이를 통합 활용하여 광대하고 원만한 종교의 신자가 되자는 것이니라."라고 말씀하신 것도 같은 맥락입니다.
'우주만유의 본원'을 깨달아야 '광활한 천지'를 볼 수 있고,
'제불제성의 심인(心印)'을 깨달아야 종교간의 간격을 메꿀 수 있습니다.
그래야 종교간의 '간격', '비방', '배척', '반목', '투쟁'을 극복할 수 있습니다.

대종사님은 '이 세상에는 한 가지도 버릴 것이 없'다고 보십니다.
'모든 종교의 교지(敎旨)도 이를 통합 활용'하려는 생각과 같은 맥락입니다.
그래야 '광대하고 원만한 종교의 신자'가 될 수 있고,
그래야 '이 간격을 타파하고 모든 살림을 융통하여 원만하고 활발한
새 생활을 전개'할 수 있습니다.
그래야 비로소 '광활한 천지'에서 살아갈 수 있습니다.
그래야 「개교의 동기」에서 말씀하신 '광대무량한 낙원'이 전개될 것입니다.
'넓을 광(廣)'자를 반복해서 쓰시는 대종사님의 마음을 깊이 헤아려야겠습니다.

나의 마음공부

- 내 종교에 국한되어 다른 종교를 비방하거나 배척하지는 않나요?

- 나라와 나라 사이, 교회와 교회 사이, 개인과 개인 사이의 반목과 투쟁을 없애려면 어떻게 해야 할까요?

- 나는 '광활한 천지'를 제대로 구경하고 있나요?

- '원만한 큰 살림'을 하려면 어떻게 살아야 할까요? 어떤 계획이 있나요?

대종사 또 말씀하시기를
[이 세상에 있는 좋은 것은 좋은 대로 낮은 것은 낮은 대로
각각 경우를 따라 그곳에 마땅하게만 이용하면
우주 안의 모든 것이 다 나의 이용물이요,
이 세상 모든 법은 다 나의 옹호 기관이니,

이에 한 예를 들어 말하자면
시장에 진열된 모든 물건 가운데에는 좋은 물건과 낮은 물건이
각양각색으로 있을 것이나
우리들이 그 좋은 것만 취해 쓰고 낮은 것은 다 버리지는 아니하나니,
아무리 좋은 것이라도 쓰지 못할 경우가 있고
비록 낮은 것이라도 마땅히 쓰일 경우가 있어서,
금옥이 비록 중보라 하나 당장의 주림을 위로함에는 한 그릇 밥만 못 할 것이요,
양잿물이 아무리 독한 것이라 하나 세탁을 하는 데에는 필수품이 될 것이니,

이와 같이 물건 물건의 성질과 용처가 각각이거늘,
이것을 이해하지 못하고 그 한 편만을 보아
저의 바라고 구하는 바 외에는
온 시장의 모든 물품이 다 쓸데없는 것이라고 생각한다면
그 얼마나 편협한 소견이며 우치한 마음이리요.] 하시니,

목사 감동하여 말하기를
[참으로 광대하옵니다. 선생의 도량이시여!] 하니라.

『대종경』「불지품」22장

- **도량** 度量 : 사물을 너그럽게 용납하여 처리할 수 있는 넓은 마음과 깊은 생각. 재거나 되거나 하여 사물의 양을 헤아림. 길이를 재는 자와 양을 재는 되.

우주 안의 모든 것이 다 나의 이용물 | 풀이 |

「불지품」21장 법문의 마지막이
'그러한다면 이 세상에는 한 가지도 버릴 것이 없나니라.' 라는 말씀이었습니다.
이 법문에 이어지는 법문입니다.

대종사 또 말씀하시기를
[이 세상에 있는 좋은 것은 좋은 대로 낮은 것은 낮은 대로
각각 경우를 따라 그곳에 마땅하게만 이용하면
우주 안의 모든 것이 다 나의 이용물이요,
이 세상 모든 법은 다 나의 옹호 기관이니,

소태산 대종사님은 우주만물을 '은혜恩惠' 로 보시고
은혜를 '없어서는 살지 못할 관계' 로 설명해주셨습니다.
또한 '천지만물 허공법계가 다 부처 아님이 없' - 「불지품」22장 다고 법문하셨습니다.
즉, 우주만물이 모두 '은혜' 인 동시에 '부처' 인 것입니다.
원불교가 왜 '법신불 사은' 을 신앙하는지를 알 수 있는 가르침입니다.

우주만물이 서로 '없어서는 살지 못할 관계' 를 맺고 있다는 것,
'천지만물 허공법계가 다 부처 아님이 없' 다는 것,
'이 세상에는 한 가지도 버릴 것이 없' 다는 것,
'우주 안의 모든 것이 다 나의 이용물이요,
이 세상 모든 법은 다 나의 옹호 기관' 이라는 말씀이 모두 같은 말씀입니다.
이를 다른 말로 하자면 '처처불상處處佛像 사사불공事事佛供' 입니다.
모든 존재가 부처이니 모든 일에 맞게 불공을 하자는 가르침입니다.
「교리도」에 '보은 즉 불공報恩即佛供' 이란 표현이 있는 이유입니다.

이에 한 예를 들어 말하자면
시장에 진열된 모든 물건 가운데에는 좋은 물건과 낮은 물건이
각양각색으로 있을 것이나
우리들이 그 좋은 것만 취해 쓰고 낮은 것은 다 버리지는 아니하나니,
아무리 좋은 것이라도 쓰지 못할 경우가 있고
비록 낮은 것이라도 마땅히 쓰일 경우가 있어서,
금옥이 비록 중보라 하나 당장의 주림을 위로함에는 한 그릇 밥만 못 할 것이요,
양잿물이 아무리 독한 것이라 하나 세탁을 하는 데에는 필수품이 될 것이니,

좋고 나쁜 것, 귀하고 천한 것, 중요한 것과 하찮은 것이 따로 있지 않고
'쓰일 경우' 즉 용처에 따라 다 소중한 것임을 설명해주십니다.
모든 존재가 다 존귀한 유일무이한 은혜의 존재인 것입니다.

이와 같이 물건 물건의 성질과 용처가 각각이거늘,
이것을 이해하지 못하고 그 한 편만을 보아
저의 바라고 구하는 바 외에는
온 시장의 모든 물품이 다 쓸데없는 것이라고 생각한다면
그 얼마나 편협한 소견이며 우치한 마음이리요.] 하시니,

대종사님은 「교의품」 29장에서
"대체적으로 대답한다면 나는 모든 사람들의 마음 작용하는 법을 가르친다고 할 것이며, 거기에 다시 부분적으로 말하자면 지식 있는 사람에게는 지식 사용하는 방식을, 권리 있는 사람에게는 권리 사용하는 방식을, 물질 있는 사람에게는 물질 사용하는 방식을, 원망 생활하는 사람에게는 감사 생활하는 방식을, 복 없는 사람에게는 복 짓는 방식을, 타력 생활하는 사람에게는 자력 생활하는 방식을, 배울 줄 모르는 사람에게는 배우는 방식을, 가르칠 줄 모르는 사람에게는 가르치는 방식을, 공익심 없는 사람에게는 공익심이 생겨나는 방식을 가르쳐 준다고 하겠노니, 이를 몰아 말하자면 모든 재주와 모든 물질과 모든 환경을 오직 바른 도로 이용하도록 가르친다 함이니라." 라고 말씀하

셨습니다.

우주만물 가운데 하나라도 '쓸데없는 것'이라고 한다면
그 사람은 '이용하는 법', '사용하는 법'을 모르는 '편협'하고 '우치'한 사람입니다.
요컨대, '사용하는 법'을 가르치는 것이 대종사님 가르침의 핵심이기 때문입니다.
대종사님에게 '쓸데없는 것'은 이 세상에 존재하지 않습니다.

모든 존재가 유일무이한 존귀한 존재임을 명심해야겠습니다.
공부인들은 상생의 관점으로 만물을 활용하는 능력을 키워야 합니다.
지은보은의 신앙과 삼학 수행이 모두 이 능력을 키우는 공부입니다.

목사 감동하여 말하기를
[참으로 광대하옵니다. 선생의 도량이시여!] 하니라.

'대자대비로 일체 생령을 교화하되 만능이 겸비하며, 천만 방편으로 수기응변하여
교화' 한다는 대각여래위의 능력과 상통하는 내용입니다.
광대한 마음과 관점으로 우주만물을 대하고 은혜롭게 이용할 줄 알아야
비로소 '일체 생령을 교화' 할 수 있는 부처님이 될 수 있을 것입니다.

나의 마음공부

• 내 주위의 존재들을 얼마나 '은혜'로 느끼나요?

• 나는 혹시 '쓸데없다'는 생각이나 말을 자주하나요?

• 나는 우주만물을 어느 정도로 잘 '이용'하는 사람인가요?

• 나는 얼마나 '광대한' 도량과 능력을 가진 사람인가요?

대종사 말씀하시기를
[불보살들은 이 천지를 편안히 살고 가는 안주처를 삼기도 하고,
일을 하고 가는 사업장을 삼기도 하며,
유유자재하게 놀고 가는 유희장을 삼기도 하나니라.]

『대종경』「불지품」 23장

- **유유자재悠悠自在** : '움직임이 한가하고 여유가 있고 느리다'는 의미의 '유유하다'와 '저절로 있음, 속박이나 장애 없이 마음대로임'을 의미하는 '자재하다'라는 두 가지 의미를 합한 말.
- **안주처安住處** : 자리를 잡고 편안히 살 수 있는 곳.
- **사업장事業場** : 어떤 사업의 활동이 이루어지는 일정한 장소.
- **유희장遊戱場** : 즐겁게 놀며 장난할 수 있는 설비를 갖추어 놓은 곳.

안주처 사업장 유희장 | 풀이 |

대종사 말씀하시기를
[불보살들은 이 천지를 편안히 살고 가는 안주처를 삼기도 하고,
일을 하고 가는 사업장을 삼기도 하며,
유유자재하게 놀고 가는 유희장을 삼기도 하나니라.]

불보살들은 마음 먹은 대로 살 수 있는 능력이 있습니다.
이 천지를 안주처로 삼으면 주로 편안히 머물다 갈 것입니다.
이 천지를 사업장 삼으면 주로 땀흘려 제생의세에 힘쓰다 갈 것입니다.
이 천지를 유희장 삼으면 주로 여유롭게 즐기다 갈 것입니다.

하지만 불보살들이 이렇게 하는 이유는 무엇일까요?
무엇을 좋아해서 그런 것도 아니고 무엇에 집착해서 그런 것도 아닙니다.
출가위 정도의 공부인도 '일체 생령을 위하여 천신만고와 함지사지를 당하여도
여한이 없는 사람'이기 때문입니다.
좋아하고 싫어함을 초월한 경지에 이미 올랐기 때문입니다.
불보살들은 처한 상황에 따라 안주처, 사업장, 유희장을 선택한다고 할 수 있습니다.

달리 해석하자면,
불보살이 이 셋 중에 하나를 택해서 평생을 그렇게 살아가는 게 아니라,
경우에 따라, 상황과 여건에 따라 수시로 다른 선택을 할 수도 있을 것입니다.
길게는 평생을 안주처나 사업장, 유희장 중 하나를 선택해서 살 수도 있지만,
짧게는 하루에도 이들을 수시로 바꿔가면서 지낼 수도 있다고 할 수 있습니다.
불보살에게 시간의 길고 짧음은 어차피 큰 차이가 없습니다.
어떻게 사느냐가 관건입니다.

편안히 머물 때는 편안히 머물고,
열심히 일할 때는 열심히 일하고,
즐겁게 놀이야 할 때는 즐겁게 노는 사람이 불보살입니다.
이것들을 진리에 맞고, 상황에 맞게, 절도에 맞게 하는 공부인이 불보살입니다.
불보살은 시간과 장소, 상황에 꼭 맞게 심신작용을 하는 사람입니다.

'동하여도 분별에 착이 없고 정하여도 분별이 절도에 맞는 사람' - 『정전』「법위등급」을 '대각여래위'라고 하신 소태산 대종사님의 말씀과 서로 통하는 법문입니다.

나의 마음공부

- 나는 이 세상을 안주처·사업장·유희장 중에 주로 무엇으로 삼고 있나요?

- 나는 때와 상황에 맞게, 절도에 맞게 '안주'하고 있나요?

- 나는 때와 상황에 맞게, 절도에 맞게 '사업'하고 있나요?

- 나는 때와 상황에 맞게, 절도에 맞게 '유희'하고 있나요?

- 나는 불보살의 삶을 살고 있나요?

 『대종경』 15품의 주요 내용

제 1 서   품 : 원불교 창립 목적과 배경, 주요 과정 및 불교 혁신의 내용 등 소태산 사상의 서설적 법문.
제 2 교의품 : 원불교의 신앙·수행 교리 전반에 관한 법문.
제 3 수행품 : 원불교 수행법 이해와 실행에 관한 다양한 법문.
제 4 인도품 : 도덕의 이해와 실천에 관한 원론적 법문과 다양한 응용 법문.
제 5 인과품 : 인과보응의 이치에 대한 다양한 해석 사례와 응용 법문.
제 6 변의품 : 교리에 관련된 다양한 의문들에 관한 응답 법문.
제 7 성리품 : 성품의 원리와 깨달음, 견성 성불 및 성리문답에 관한 법문.
제 8 불지품 : 부처님의 경지와 심법, 자비방편에 관한 법문.
제 9 천도품 : 생사의 원리와 윤회·해탈, 영혼 천도에 관한 법문.
제 10 신성품 : 신앙인의 믿음과 태도에 관한 법문.
제 11 요훈품 : 인생길과 공부길을 안내하는 짧은 격언 형태의 법문.
제 12 실시품 : 다양한 경계에 응한 대종사의 용심법에 관한 법문.
제 13 교단품 : 원불교 교단의 의의와 운영, 발전 방안 및 미래 구상에 관한 법문.
제 14 전망품 : 사회·국가·세계, 종교, 문명, 교단의 미래에 관한 예언적 법문.
제 15 부촉품 : 대종사가 열반을 앞두고 제자들에게 남긴 부탁과 맡김의 법문.

소태산 대종경 마음공부

발행일 | 원기108년(2023년) 12월 1일
편저자 | 최정풍

디자인 | 토음디자인
인쇄 | ㈜문덕인쇄

펴낸곳 | 도서출판 마음공부
출판등록 | 2014년 4월 4일 제2022-000003호
주소 | 전북 익산시 익산대로 463, 3층
전화 | 070-7011-2392
ISBN | 979-11-982813-8-8
값 | 12,000원

도서출판 마음공부는 소태산마음학교를 후원합니다.
후원계좌 : 농협 301-0172-5652-11 (예금주: 소태산마음학교)